1714 a l'aula

100 propostes didàctiques (primària i secundària)

F. Xavier Hernàndez Cardona, Maria Feliu Torruella (coord.)

Isabel Boj, Gemma Cardona, Lorena Jiménez Torregrosa,
Eva Poblador, M. del Carmen Rojo, Mireia Romero, Rafel Sospedra

GRAÓ

Biblioteca de Guix | 192

La recerca que ha possibilitat el treball s'ha pogut desenvolupar gràcies a les convocatòries competitives de recerca SGR 2014 Grup DIDPATRI 00945 i al projecte «Desarrollo de estrategias y técnicas didácticas a partir del patrimonio y la arqueología del conflicto para la enseñanza/aprendizaje de las Ciencias Sociales y la Historia» (EDU 2012-35299). Ministerio de Economía y Competitividad.

Biblioteca de Guix
Sèrie Didàctica de les ciències socials

C/ Hurtado, 29. 08022 Barcelona
www.grao.com

1a edició: setembre 2014
ISBN: 978-84-9980-552-8
DL: B -16497-2014

Disseny de coberta: Xavier Aguiló
Il·lustració de coberta: Guillem H. Pongiluppi
Imatges: Arxiu Històric Ciutat de Barcelona, Institut Cartogràfic i Geològic de Catalunya, Biblioteca de Catalunya, Schola, Biblioteca Nacional de França, Biblioteca Nacional d'Espanya

Impressió: Imprimeix

Índex

Onze de Setembre? | 7

Bloc 1. Temps històric, fets i persones | 13

1. Un mural del segle XVIII | 15
2. Cronologies simultànies | 17
3. Frisos cronològics | 19
4. D'una gent, d'un país | 21
5. Villarroel i Casanova | 23

Bloc 2. Fonts primàries: iconografia | 25

6. La xocolatada. Un plafó ceràmic | 27
7. Rajoles i vestits | 29
8. Oficis i auques | 31
9. Auques de jocs | 33
10. L'arribada d'una reina | 35
11. Símbols de Catalunya | 37
12. Gravats de Rigaud | 39
13. Un quadre del Born de Barcelona | 41
14. La bandera de Santa Eulàlia | 43
15. Imatges d'una guerra mundial | 45
16. Caps polítics en conflicte | 46
17. L'11 de setembre de 1938 | 48
18. Audiovisuals-fotografia | 50
19. La Gigafoto | 52

Bloc 3. Fonts primàries: cartografia | 53

20. Ciutats de la Catalunya moderna | 55
21. Ports de la Catalunya moderna | 56
22. Un cordó de setge | 58
23. Plànol de Barcelona | 60
24. Barcelona. Cartografia d'un setge | 62
25. La planificació d'una ciutadella | 64

Bloc 4. Fonts primàries: documents escrits i memòries | 67
26. Un text manuscrit i un enterrament | 69
27. Codis secrets | 71
28. Els notaris i els inventaris *post mortem* | 72
29. Els adroguers i les rutes comercials | 74
30. Llibres de medicina i cirurgia | 76
31. Un país constitucional | 78
32. Unes lleis avançades? | 80
33. Els soldats del coronel Ferrer | 82
34. Vestir els miquelets! | 84
35. Discurs de Ferrer i Sitges | 86
36. El Ban de Guerra de 1713 | 88
37. Desxifrem el poema de Santa Eulàlia! | 89
38. La Coronela, versos i pintures | 91
39. *La Gazeta*, un diari a la Barcelona assetjada | 93
40. Rafael Casanova, en combat | 95
41. Villarroel i el contraatac a Barcelona | 97
42. El setge segons el duc de Berwick | 99
43. Els itineraris d'un ambaixador | 101
44. Les capitulacions de Barcelona de 1714 | 102
45. La repressió vista per un pagès | 103
46. Memòria de l'11 de setembre de 1971 | 105
47. La premsa en va parlar: 1977 | 107
48. Onze de Setembre, Diada Nacional | 109

Bloc 5. Fonts primàries: músiques i cançons | 111
49. *El cant dels ocells*, una cançó austriacista | 113
50. *Il più bel nome.* Òpera a Barcelona | 115
51. Goigs i lletres de cançons de la Guerra de Successió | 117
52. Música de ministrers i marxes militars | 119
53. La cançó de Bac de Roda | 120

Bloc 6. Fonts primàries: fonts materials i patrimonials | 121
54. Ceràmiques al Born | 123
55. Una moneda de Carles III | 125
56. Les armes. El pany miquelet | 127
57. Un baluard amb canons | 129
58. Un palau a Barcelona | 131

59. La Barcelona de 1714 | 133
60. Camps de batalla: Talamanca | 135
61. Museus i monuments de la Catalunya de 1714 | 137
62. Ruta Catalunya 1714 | 139
63. El jaciment del Born | 141
64. L'exposició «Donec Perficiam» | 143

Bloc 7. Fonts secundàries: els mapes | 145
65. Una guerra d'Europa i del món | 147
66. L'Europa d'Utrecht | 149
67. Població de la Catalunya de 1700 | 151
68. Les batalles a la península Ibèrica | 152
69. Les batalles a les campanyes de Catalunya | 154
70. L'assalt a Barcelona de l'11 de setembre | 156

Bloc 8. Fonts secundàries: fonts audiovisuals i literatura | 159
71. Materials audiovisuals | 161
72. Vídeos educatius | 163
73. Propostes 3D | 165
74. Un paisatge sonor | 167
75. Literatura infantil sobre el 1700 | 169
76. Les novel·les d'una guerra | 171
77. Llibres de divulgació i didàctica | 173
78. Literatura científica | 175

Bloc 9. Simulació, empatia i recreació | 177
79. Juguem al joc de l'auca | 179
80. Juguem amb jocs de carrer del XVIII | 181
81. Jocs d'estratègia i simulació | 183
82. Recrear la història | 185
83. Personatges que opinen | 187
84. La xocolata desfeta de 1700 | 189
85. Gastronomia de guerra | 191

Bloc 10. Fonts secundàries: iconografia | 193
86. El monument a Rafael Casanova | 195
87. La iconografia de l'Onze de Setembre al segle XIX | 197
88. Interpretem el quadre d'Antoni Estruch | 199

89. Nova iconografia de l'Onze de Setembre | 201
90. Uniformes dels soldats de Catalunya | 203

Bloc 11. Entorns web | 205
91. La Guerra de Successió a la xarxa | 207
92. Analitzem recursos didàctics en xarxa | 209
93. Exposicions virtuals | 211
94. Fonts primàries a la web | 213

Bloc 12. Organització i comunicació del saber | 215
95. Mapa conceptual del sistema polític català | 217
96. Mapa conceptual del sistema de govern de la Nova Planta | 220
97. Monarques a Catalunya fins a Carles III | 222

Bloc 13. Treball científic | 225
98. El misteri de les banderes | 227
99. La batalla de Santa Clara | 229
100. Fonts contradictòries? El contraatac de Casanova | 231

Bibliografia | 233

Quadre resum | 237

Onze de Setembre?

És important treballar l'11 de setembre de 1714 a les aules? Efectivament, ho és i per diferents raons. En primer lloc, però, cal precisar a què ens referim amb el concepte «Onze de Setembre». Entenem per Onze de Setembre el darrer acte de la Guerra de Successió Espanyola que es va desencadenar a partir de l'assalt a Barcelona després d'un llarg setge iniciat el juliol de 1713. De fet l'assalt a Barcelona clou el conflicte mundial tot i que formalment la resistència catalana durarà a la fortalesa de Cardona fins al dia 18 de setembre, i a Mallorca i a Eivissa l'obediència austriacista durarà fins al 1715. Per tant, quan parlem de l'Onze de Setembre també ens volem referir al seu context: la Guerra de Successió. Els fets d'aquesta jornada, la de l'11 de setembre, que va acabar amb la victòria dels exèrcits de Felip V, van comportar la liquidació de l'Estat català, una formació política nacional que s'havia format d'ençà de l' edat mitjana a partir d'un complex entramat polític i cultural i que tenia en l'ordenament constitucional el seu tret de personalitat més definit. Per tant, cal insistir que, quan parlem de l'Onze de Setembre, estem fent referència a una batalla, a un setge, a una guerra i a les conseqüències d'aquesta.

Altrament els fets van deixar una profunda seqüela, ja que anys després els catalans continuaven recordant les llibertats perdudes en la derrota i la memòria sobre l'epopeia catalana de l'Onze de Setembre també es va convertir en una variable política que va influir en els segles següents. Per tant, en referir-nos a l'Onze de Setembre també estem tractant com la memòria sobre la data i els fets van influir en els fets dels segles següents. Tal paradoxa és una evidència, atès que importants fets històrics recents, com ara la manifestació de l'11 de setembre de 1977 o la Cadena Humana de 2013, es van donar en un context de commemoració i memòria respecte als fets de 1714 i en concret amb referència a les llibertats perdudes.

A més a més, el fet que la Diada Nacional de Catalunya esdevingui el dia 11 de setembre indica com d'important és la memòria sobre la data. Per tot plegat, podem afirmar, sense equivocar-nos, que conèixer els fets de l'Onze de Setembre i els relacionats amb la memòria de l'Onze de Setembre és important per aproximar el nostre passat del set-cents, però també per entendre el nostre passat recent, el present i fins i tot per hipotetitzar sobre el futur. Els fets històrics, el coneixement científic sobre ells, els seus precedents, context i memòria, formen part tots ells del concepte «Onze de Setembre». Per tant, quan ens proposem treballar l'Onze de Setembre ho farem sobre els fets, els seus precedents, el seu context, les seves conseqüències, la memòria d'aquests esdeveniments i la percepció que en diferents moments hi ha hagut sobre ells.

I, un cop ens hem aproximat a allò que entenem per «Onze de Setembre», hauríem de justificar per què n'és o no és important el tractament a les aules. Respecte d'això, sempre podem argumentar que l'Onze de Setembre s'ha de tractar pel fet que els currículums de primària i secundària donen peu, explícitament o implícitament, al seu tractament, en el benentès que àrees, matèries o assignatures de coneixement del medi social, ciències socials, història..., han d'ajudar a entendre la pròpia comunitat i la seva circumstància. I, en aquest sentit, que el Parlament de Catalunya, la màxima institució democràtica i representativa del país, declarés l'11 de setembre Diada Nacional en una orientació clarament commemorativa demostra que, òbviament, els esdeveniments de l'Onze de Setembre s'han de conèixer, atès que qualsevol membre de la comunitat ha de identificar els referents de la pròpia comunitat i els símbols identitaris que ha generat i que fins i tot la representen. Tanmateix, aquestes legitimacions preceptives i formals atorguen una justificació relativa, ja que, al capdavall, els currículums oficials poden ser canviants. Igualment, pel que fa a les dates commemoratives, es produeix una celebració formal de l'11 de setembre sense que això hagi significat necessàriament una major divulgació o coneixement dels fets. Per tant, intentarem ressituar la necessitat de treballar aquests continguts des d'una perspectiva lògica, de demanda social, d'integració a la comunitat cultural i sentit comú. I, respecte d'això, podem aventurar algunes línies de pes:

1. Els fets de l'11 de setembre de 1714 van suposar la fi de l'Estat català. Catalunya, un país políticament avançat que es regia per un sistema constitucional, va perdre la llibertat i va passar a ser ocupat militarment i governat despòticament. És evident, doncs, que aquesta data és important per als catalans. A partir d'aquells moments els catalans van perdre la preciosa herència de civilització que suposaven les Constitucions. Catalunya va ser annexada a Espanya per la força de les armes i òbviament aquests fets en van condicionar l'esdevenir i encara en condicionen el present. Naturalment, és important que els catalans sàpiguen que, durant la major part de la seva història, Catalunya va ser un estat independent, des del període comtal, al segle X, fins al principi del segle XVIII. Això s'ha de treballar

a les aules. Sense aquest coneixement, difícilment podrem entendre els precedents de la societat catalana d'avui i, per tant, difícilment podrem entendre la pròpia comunitat.

2. Els fets de l'11 de setembre s'han d'entendre en un context d'enfrontament entre l'absolutisme que preconitzava la dinastia de Borbó i els sistemes constitucionals protodemocràtics i les monarquies no absolutistes. Catalunya, país constitucional, va lluitar al costat de potències que optaven per la llibertat política, el progrés econòmic o el respecte als sistemes tradicionals d'organització política. La Guerra de Successió va posar les bases del món modern i el liberalisme; Catalunya va estar també en la «base» d'aquest moviment i l'experiència catalana va ser important en la construcció de la nova Europa. Contràriament, la via de l'absolutisme va ser una via morta en la història de la humanitat. Saber que els catalans van contribuir amb la seva cultura a un món de llibertats és important. El reconeixement de les causes justes i de progrés és important, els règims constitucionals eren progressistes i l'absolutisme totalitari volia fer retrocedir la humanitat. Això s'ha d'explicar a les aules atès que ens permet reflexionar sobre la qüestió dels valors democràtics i els seus orígens a l'aula.
3. Els fets de l'11 de setembre evoquen l'epopeia d'un petit país que va defensar la seva llibertat. La població catalana, de manera majoritària, va lluitar i patir per conservar i acréixer les llibertats i es va enfrontar a una opció absolutista. Aquesta epopeia dels catalans en defensa de les llibertats s'ha de conèixer. Els catalans del passat es van sacrificar per aconseguir un món millor, més pròsper i lliure. Els catalans van basar durant molt de temps els seus trets identitaris en unes lleis que garantien les llibertats. La història és important, però també la memòria i l'orgull de pertànyer a una societat que ha defensat els valors de la llibertat és important.
4. L'11 de setembre forma part de la nostra realitat quotidiana; de fa temps els catalans commemoren la data i n'hi ha iconografia, rituals i records. L'Onze de Setembre, Diada Nacional de Catalunya, forma part de l'imaginari català i com a tal s'ha de treballar a l'aula. L'impacte de l'epopeia catalana va ser tan gran i el record de la llibertat tan fort que els catalans sempre van recordar el que havia passat, i mai no van renunciar a recuperar la seva llibertat. L'evolució contemporània de Catalunya no es pot entendre si no tenim en compte

els importants moviments de masses vinculats a la commemoració de l'Onze de Setembre que es van donar des dels anys setanta del segle XX fins a l'actualitat. Això és una part objectiva de la història i, doncs, també s'ha de tractar a les aules. No podem entendre el present sense tenir en compte aquests fets.

De tot plegat es desprèn que l'Onze de Setembre es pot estudiar de moltes maneres diferents a l'ensenyament primari o secundari, i als espais no formals d'ensenyament aprenentatge. En aquest sentit, la voluntat d'aquest treball és subministrar idees, suggeriments i recursos per tal que els professionals puguin bastir una aproximació polivalent a la problemàtica a partir de fonts significatives.

Les aportacions d'aquest treball

Aquest treball pretén aportar idees per treballar a l'ensenyament primari i secundari l'Onze de Setembre i el seu context. De fet se suggereixen un centenar de propostes didàctiques, algunes de les quals menen directament a activitats. Es tracta doncs de suggeriments que el mestre o professor pot utilitzar de manera gairebé directa, o bé ajustar segons les condicions i característiques de l'aula i els alumnes, en funció de la programació, etc. Les activitats didàctiques que se suggereixen poden inserir-se en unitats didàctiques que els docents hagin previst o fins i tot es poden encadenar per construir unitats didàctiques.

Les propostes tenen en compte dues lògiques: la didàctica i la disciplina històrica i arqueològica. Entenem que, en els espais formals i no formals d'ensenyament aprenentatge, l'aproximació al passat s'ha de fer amb voluntat, esperit i metodologia científica, i, en aquest aspecte, les propostes s'ajusten a allò que hom considera la translació, adaptació, praxis i desenvolupament de la metodologia científica a l'aula de les disciplines que estudien el passat de les societats. En aquest sentit hi ha un primer bloc de propostes congruents amb el mesurament i l'ordenació del temps històric. En el segon bloc ens endinsem directament en les fonts primàries, i comencem amb les de caràcter iconogràfic: les xilografies, els gravats, les rajoles decorades... El tercer bloc ens mena a treballar amb fonts primàries de caràcter cartogràfic. El quart bloc, també amb fonts primàries, ens aproxima als texts manuscrits, documents escrits i memòries. En el cinquè bloc revisem les cançons i les músiques de l'època. En el bloc sisè passem a treballar fonts materials i patrimonials.

Tot seguit, el treball se centra en les fonts secundàries, en els sistemes per emmagatzemar i comunicar la informació, en la simulació com a estratègia d'investigació, en el contrast crític de la informació que aporten les fonts i en el procés o mètode científic aplicat a l'ensenyament. El bloc setè, centrat ja en fonts secundàries, proposa treballar amb mapes i plànols, entesos no com a documents primaris sinó com a dipositaris d'informació. El bloc vuitè treballa amb fonts audiovisuals i literatura. El bloc novè tracta la simulació, l'empatia i la recreació històrica. El bloc desè treballa sobre la iconografia i les imatges. El bloc onzè reflexiona sobre els espais web. El bloc dotzè ho fa sobre l'organització i comunicació del saber, i, finalment, el bloc tretzè tracta del treball científic de l'historiador.

Els diferents blocs ens aproximen al període a partir de la diversitat; així, els tòpics en els quals es focalitza són el marc de la vida quotidiana, el sistema polític constitucional català, el conflicte mundial, la participació de Catalunya en el conflicte i el desenllaç d'aquest i les conseqüències.

Així doncs, les 100 propostes van ordenades en grans apartats que fan referència als grans blocs metodològics que s'han de tenir en compte en l'ensenyament i l'aprenentatge de la història, i en cadascun d'aquests blocs s'inclouen un seguit de propostes que en general giren a l'entorn de una o diverses fonts, en què es posa èmfasi en la interpretació i el contrast.

Cadascuna de les activitats suggerides presenta la descripció dels materials bàsics i la manera de treballar-los. Alhora, però, hi ha un esforç per possibilitar opcions divergents, modificacions, aprofitaments parcials, casos paral·lels, etc. També s'assenyalen paral·lelismes i bibliografia pedagògica i històrica.

Tot plegat el treball no s'entén com una proposta tancada didàcticament, ni com un relat històric tancat, sinó més aviat com una caixa d'eines perquè els docents i educadors dels espais formals i no formals d'ensenyament-aprenentatge puguin dissenyar la seva aproximació al coneixement d'uns fets i un període que són claus per interpretar el passat i el present de Catalunya.

Bloc 1.
Temps històric, fets i persones

1. Un mural del segle XVIII

P

Interès educatiu

La Guerra de Successió a Catalunya es va produir al començament del segle XVIII. Per poder tractar els fets cal contextualitzar el període, situar les coordenades espacials i temporals i prendre i aprendre referents que ens ajudin a navegar en el temps.

El temps és un concepte clau i important que totes les persones experimenten de manera contínua en la seva quotidianitat, però alhora resulta molt difícil de definir i interioritzar en la seva dimensió històrica. El temps històric és, per definició, abstracte, i la successió de segles o anys cal aproximar-la de manera qualitativa, associant imatges a períodes. Les formes de les cases, els vestits, els sistemes d'alimentació, els usos de l'energia, el transport, etc., són els que acaben donant-nos el concepte o la imatge d'un determinat segle. En aquest sentit imatges en una dinàmica de quotidianitat ens serviran per tipificar qualitativament el concepte «segle XVIII», tot associant-lo a imatges i situacions. Treballar la temporalitat amb els i les alumnes és un dels objectius principals de l'ensenyament-aprenentatge de la història. Aquesta tasca complexa ha de tenir present la dificultat que suposa la comprensió del temps històric en els infants i adolescents a causa de l'alt nivell d'abstracció que requereix.

Activitat

Es tracta, a partir d'una mínima documentació, de dibuixar, a una mida gran, algunes persones de principi del segle XVIII, retallar-les i penjar-les a la classe a manera de mural: pagesos, artesans, nobles, soldats, mariners... A mesura que es vagin desenvolupant altres activitats es podran anar sumant elements al mural que il·lustrin de manera visual com era la vida al segle XVIII: els habitatges, els complements de la indumentària, els aliments, els sistemes d'enllumenat, els transports. Tot ho podrem anar col·locant en el nostre mural del segle XVIII. És important que els infants participin de la creació d'aquest mural per tal de sentir-se actius en la seva elaboració i anar construint en el seu imaginari com es vivia al segle XVIII.

Un mural del segle XVIII

I a més a més...

Per tal que sigui rellevant la construcció de la temporalitat, podem estendre la idea del mural a períodes anteriors i posteriors: segle XVII i segle XIX.

Igualment, podem anar mostrant als alumnes objectes o imatges d'objectes de la vida quotidiana del segle XVIII i d'altres segles: culleres, plats, artefactes d'il·luminar, eines, etc. Els alumnes hauran de discriminar quins corresponen al segle XVIII i quins podrien ser anteriors o posteriors. Posarem especial atenció en els anacronismes, identificant allò que no pertany al segle XVIII. També remarcarem que determinats artefactes (una espelma, un llum de ganxo, un plat, una cullera de fusta) han tingut una llarga continuïtat històrica atès que s'utilitzaven abans del XVIII i encara s'utilitzen ara. En el mateix sentit podem passar als alumnes fragments de pel·lícules de diferents èpoques a fi que identifiquin quines imatges corresponen al segle XVIII.

Recursos

ARIES, P. (1987): *El niño y la vida familiar en el Antiguo Régimen.* Mèxic. OEA.

GARCÍA ESPUCHE, A. (2010): *Barcelona, 1700.* Barcelona. Empúries.

PLUCKROSE, H. (1993): *Enseñanza y aprendizaje de la historia.* Madrid. Morata.

FELIU TORRUELLA, M.; HERNÀNDEZ CARDONA, F.X. (2011): *12 ideas clave. Enseñar y aprender Historia.* Barcelona. Graó.

PAGÈS, J.; SANTISTEBAN, A. (2010): «La enseñanza y el aprendizaje del tiempo histórico en la Educación Primaria». *Cedes*, vol. 30 (82), p. 281-309. <www.scielo.br/pdf/ccedes/v30n82/02.pdf>.

2. Cronologies simultànies

P S

Interès educatiu

La Guerra de Successió Espanyola (1702-1715) va ser un conflicte bèl·lic complex i d'abast internacional. La relació dels fets amb el seu context exigeix que les variables bèl·liques es tractin, però han d'anar en relació amb els fets i realitats que es donaven en els més diversos aspectes: economia, art, arquitectura, literatura, costums, etc.

El treball de la temporalitat esdevé més complex a mesura que s'augmenten les variables a tenir en compte. Tanmateix, considerar les diverses línies de desenvolupament que conformen un període temporal complex ajuda a la consolidació del pensament formal en els i les alumnes, en tant que l'establiment de relacions fa que s'entrellacin i relacionin conceptes. Les activitats en aquest sentit permetran crear una situació didàctica de construcció d'aprenentatges que els ajudarà a interpretar diferents escales espacials i temporals i alhora situar-se en la història i desenvolupar una consciència històrica, social i política. En aquesta dinàmica l'associació de conceptes és bàsica en tant que afavoreix una xarxa de sabers significatius i permet la incorporació de nous conceptes.

Activitat

Es demana als alumnes que, de manera individual, per parelles o per petits grups, cerquin 10 imatges, en suport paper o digital, segons el docent decideixi, que facin referència als inicis del segle XVIII. No se'ls dóna cap altra premissa; pot ser qualsevol cosa tangible: un quadre, un palau, un retrat, un document, un artefacte... Quan els alumnes portin les imatges a l'aula, cal anar-les enganxant en un mural que s'haurà hagut de preparar prèviament, o en l'espai digital oportú. En aquest mural s'han de dibuixar quatre línies horitzontals (o pantalles de diferents colors) que vagin de final del segle XVII a mitjan segle XVIII (no cal especificar-ne els anys). La primera línia (o arxiu digital) farà referència a la cultura, la segona a la política, la tercera a l'economia i la societat i la quarta als conflictes. En aquestes línies temporals i temàtiques caldrà que els i les alumnes vagin enganxant (o dipositant) les imatges (no necessàriament han d'estar minuciosament endreçades cronològicament ja que algunes és possible que facin referència a processos

Coses que passen el mateix segle

llargs, com pot ser el cas de les eines agrícoles). És interessant que els mateixos alumnes vagin comentant què és el que enganxen, perquè ho han triat i en quina línia (i a quina alçada de la línia) ho col·loquen. Finalment haurem elaborat un mosaic d'imatges que ens permetrà aproximar la complexitat de fets i aspectes que configuren el segle XVIII i com es distribueixen en el temps i engloben la totalitat dels aspectes vitals. Si optem per processos abstractes (cultura, política, economia-societat, conflictes), podem plantejar l'activitat per a secundària. Contràriament, si entrem en temàtiques més concretes (alimentació, habitatge, energia, transport, vestit), podem centrar l'activitat per a primària.

I a més a més...

L'activitat pot propiciar situacions de debat i reflexió. Així podem valorar quines són les imatges que, per temàtica, s'han repetit més i veure si realment corresponen a fets historiogràficament més rellevants (o no) i perquè. Des d'aquesta perspectiva es poden treballar opinions i debatre sobre si hi ha fets (situacions o elements) més o menys importants a la història, qui o què determina que ho siguin, etc. Per exemple, que va ser més important en el segle XVIII, la descoberta dels vaccins o l'entronització de Felip V?

Recursos

BLANNING, T.C.W. (2002): *El siglo XVIII. Europa de 1688-1815.* Madrid. Crítica.

DÍAZ, F. (2005): *Europa de la Ilustración a la Revolución.* Madrid. Alianza.

3. Frisos cronològics P S

Interès educatiu

Per situar la temporalitat de fets, situacions i aspectes de diferents èpoques històriques és útil l'ús d'estructures lineals, els anomenats frisos cronològics, que atorguen magnitud tangible a durades que per definició són abstractes. El fris consisteix bàsicament en una línia o cinta, en la qual s'estableix una relació entre mesura temporal i mesura longitudinal. Entenem que treballar frisos cronològics ajuda, també, a situar allò que va ser la Guerra de Successió Espanyola, les seves etapes i fets. La construcció de frisos permet intuir i comprendre el pas del temps, situar-hi esdeveniments diversos i interrelacionar-los entre ells, establint vincles entre present, passat i futur. En el nostre cas l'objectiu és que es puguin relacionar els fets de la Guerra de Successió amb esdeveniments anteriors i posteriors, així com també amb aspectes sincrònics al conflicte i que puguin haver passat en diferents espais geogràfics.

Activitat

En funció del tipus de fets i aspectes històrics a representar, i la complexitat d'allò que vulguem, i segons es tracti d'alumnes de primària o se-

Frisos cronològics. Un clàssic en didàctica de la història

cundària, es poden realitzar diferents tipus de frisos cronològics. Podem optar per un fris específic de la Guerra de Successió, o un que comprengui el darrer quart del XVII i el primer del XVIII, tot diferenciant el període propi de la Guerra de Successió. Si optem per un fris de grans dimensions podem definir un macroeix cronològic, en base a una tira ampla de paper, que faci la volta a l'espai de l'aula, o al passadís... També podem utilitzat tubs flexibles de plàstic (tipus PVC transparent o similars) per crear diferents línies temporals, les quals es poden correspondre amb diferents àmbits geogràfics o bé amb línies de desenvolupament històric diferents (art, política, pensament, vida quotidiana, conflictes, descobriments...). Els tubs es poden situar a l'espai de l'aula o en algun espai del centre, penjats del sostre i parets, a l'estil de com estan els tubs de ventilació en els edificis. Un cop realitzada l'estructura, caldrà emplenar-la amb els fets i aspectes històrics a destacar. Es poden utilitzar imatges, retallables de paper o altres recursos. Cal posar especial èmfasi en el tractament d'aspectes sincrònics, és a dir, coetanis a la Guerra de Successió, però també diacrònics: anteriors i posteriors al conflicte. D'aquesta forma, i mitjançant estímuls visuals, els i les alumnes podran aproximar la simultaneïtat de fets, així com la seva successió.

I a més a més

En comptes d'utilitzar tubs de plàstic, es poden fer servir diferents cordes, situar-les en una paret o de punta a punta de l'aula com si fossin estenedors, i anar-hi penjant amb pinces o altres elements de subjecció els fets històrics, representats en fotografies, dibuixos, retallables, textos, etc. També es poden enganxar els fets a les parets, per exemple, del passadís, utilitzant-les com a suport per a la representació del temps.

Recursos

- *Cronologia de la Guerra de Successió.* Proposta elaborada des del Departament d'Ensenyament. <www.xtec.cat/web/centres/celebracions/2013/1714/liniatemps>.
- *Evolució dels oficis artesans de 1714 a l'actualitat.* Eix cronològic temàtic amb aspectes vinculats als oficis. <http://bit.ly/1purFIE>.
- *La Guerra de Successió Espanyola.* Eix cronològic a la plataforma Time Toast. <www.timetoast.com/timelines/la-guerra-de-successio-espanyola-1702-1714>.

4. D'una gent, d'un país

P S

Interès educatiu

Els conflictes afecten moltes persones; tanmateix, la implicació d'algunes d'elles en els processos històrics, per raons diverses, ens és més coneguda. En certs casos perquè era gent amb poder de decisió, en d'altres perquè disposaven de mitjans, perquè eren emprenedors reconeguts, escriptors de qualitat o polítics brillants, o simplement perquè van decidir o van estar en un lloc determinat en un moment donat. La Guerra de Successió va implicar milions d'europeus i milers de catalans. Alguns d'ells els recordem perquè les seves decisions, les seves actuacions o els seus pensaments van ser reconeguts per la col·lectivitat com importants.

Estudiar la implicació de les persones en els fets històrics és rellevant. Al capdavall les persones decideixen i n'hi ha que prenen decisions i fan actuacions de les quals es deriven situacions que afecten molta gent. D'entre la gent implicada en el procés a Catalunya és significatiu saber quelcom dels reis, Carles III i Elisabet; de polítics rellevants com Ramon Vilana Perles, Rafael Casanova o Manuel Flix; de mercaders com Sebastià Dalmau; de militars com Antoni Villarroel, Joan Baptista Basset, Antoni Desvalls, Josep Moragues o Ermengol Amill; d'espies com Marianna de Copons, etc.

Carles III, el darrer rei dels catalans

Activitat

Proposem fer petites biografies d'alguns personatges rellevants, a Catalunya, durant la Guerra de Successió. El docent pot proposar una primera llista. Els alumnes, per grups, es documenten i confegeixen una breu biografia d'alguns dels personatges. Caldrà indicar de manera acurada l'any de naixement i l'any de la mort i contextualitzar aquestes dades amb l'eix cronològic de la Guerra de Successió. A partir de la informació recollida intentaran dibuixar com s'imaginen el personatge. Igualment, si hi ha informació complementària (llocs que van freqüentar, documents relacionats, etc.), la consideraran. Amb tota la informació podem fer un mural o un dossier electrònic a fi que tot el grup classe pugui accedir a la informació. L'elaboració de biografies és una activitat instructiva congruent amb part de la feina que tradicionalment han efectuat els historiadors. Podem proposar més o menys personatges i estudiar-los amb més o menys profunditat segons que es tracti d'alumnes de primària o secundària.

I a més a més...

El tractament dels reis Carles i Elisabet pot resultar especialment rellevant atès que van ser persones joves que es van dedicar a Catalunya amb gran entrega. Resulta sempre interessant comentar les tombes de tots dos, localitzades al panteó de l'església dels franciscans caputxins de Viena, ja que es van fer enterrar en fèretres que evocaven la seva presència a Catalunya. La tomba d'Elisabet mostra un gran baix relleu del port de Barcelona i la de Carles el mostra liderant el seu regiment de Guàrdies Catalanes a la batalla de Saragossa de 1710.

Recursos

ALBERTÍ, S. (1966): *Diccionari biogràfic Albertí.* Barcelona. Albertí.

SERRA, F. (2014): *Els herois de 1714. Els defensors de Catalunya.* Barcelona. Base.

- Personatges. Museu Virtual de la Guerra de Successió (1702-1714). <www.guerradesuccessio.cat/personatges.html>.
- *Biografies. 11 de setembre de 1714.* <www.11setembre1714.org/biografies.htm>.

5. Villarroel i Casanova

P S

Interès educatiu

Rafael Casanova, conseller en cap de Barcelona durant el 1714 i Antoni de Villarroel, cap dels Exèrcits de Catalunya el 1713-1714, han estat considerats personatges importants en el devenir del setge de Barcelona. Casanova va garantir la legalitat institucional catalana; com a governador militar de Barcelona va tenir cura de les fortificacions i com a coronel de la Coronela, la milícia ciutadana, va tenir un paper militar rellevant. Antoni de Villarroel, mariscal-tinent de l'emperador, va comandar amb molta eficàcia les forces de l'exèrcit català i va dirigir la defensa de Barcelona.

Fer el seguiment d'ambdós personatges és important, atès que estan fortament arrelats en l'imaginari de la societat catalana. L'estudi dels dos personatges permet ubicar cronològicament la Guerra de Successió, el setge de Barcelona i la repressió que va seguir a la derrota. Tots dos comandaments militars van resultar ferits en el que van ser els combats més durs de la batalla de l'Onze de Setembre.

Villarroel i Casanova, els artífexs de la resistència del 1714. Escenografia de Mar H. Pongiluppi

Activitat

És important que els alumnes de primària i secundària coneguin tots dos personatges, ja que tradicionalment han estat reconeguts per la societat catalana. Per a això, confegirem una breu biografia de tots dos i la posarem en relació amb la cronologia de la Guerra de Successió. D'en Rafael Casanova destacarem que va ser un civil, advocat de professió, que va assumir responsabilitats polítiques quan li va tocar de fer-ho. En aquest sentit, el seguiment de la seva trajectòria esdevé útil per entendre el funcionament del govern de Barcelona durant el segle XVIII. Pel que fa a Villarroel, militar de professió, caldrà destacar el seu paper en els combats de 1710 i la seva eficàcia tècnica en la defensa de Barcelona. En acabar la guerra, i per les seves responsabilitats militars va ser empresonat per ordre de Felip V. Va morir maltractat en una humida masmorra del Castell de Sant Anton, a la Corunya.

Les biografies d'ambdós personatges les podem plantejar individualment o en petits grups. Amb la informació resultant podem plantejar una socialització del coneixement a partir d'un Power Point, un mural, una auca, etc.

I a més a més...

Una tercera biografia es pot centrar en la figura de Josep Moragues, que va ser general de batalla del rei Carles III. Després de la guerra, Moragues va ser capturat i condemnat a mort de manera molt cruel. Com a mesura per aterrir la gent, el seu cap va estar penjat en una gàbia de ferro durant molts anys a la Porta de Mar, una de les entrades a la ciutat de Barcelona.

Recursos

SERRET, C. (1996): *Rafael Casanova i Comes. Conseller en cap.* Sant Boi de Llobregat. Ajuntaments de Barcelona, Moià i Sant Boi de Llobregat.

TARTER, R. (1996): *Rafael Casanova i Comes. Conseller en cap.* Moià. Quaderns de divulgació, 1. Associació Cultural Modilianum.

ALBERTÍ, S. (1966): *Diccionari biogràfic Albertí.* Barcelona. Albertí.

SERRA, F. (2014): *Els herois de 1714. Els defensors de Catalunya.* Barcelona. Base.

- *Personatges. Museu Virtual de la Guerra de Successió (1702-1714).* <www.guerradesuccessio.cat/personatges.html>.
- *Biografies. Rafael Casanova. Patriota i heroi de l'11 de setembre de 1714.* <www.11setembre1714.org/Biografies/Casanova-Comes-Rafael-frame.htm>.
- *Biografies. Mariscal Tinent Antonio de Villarroel y Peláez. 11 de setembre de 1714.* <www.11setembre1714.org/Biografies/Villarroel-Pelaez-Antonio-frame.html>.

Bloc 2.
Fonts primàries: iconografia

6. La xocolatada. Un plafó ceràmic P S

Interès educatiu

El *Plafó de la xocolatada* és una obra del Museu del Disseny de Barcelona. És un plafó de rajoles decorades, d'autor desconegut i que es deuria fabricar entre el 1702 i el 1710. El plafó estava ubicat a la finca del marquès de Castellbell a Alella. El plafó presenta una situació d'esbarjo de gent poderosa del començament del segle XVIII on podem observar, en uns jardins, diverses persones que mengen, ballen o prenen xocolata. Es tracta d'un document extraordinari que ens mostra els costums i els espais de nobles i burgesos de principi del segle XVIII. La Catalunya de principi del segle XVIII era un país pròsper, la producció i el comerç enriquien els burgesos i molts nobles gaudien també del dinamisme econòmic. Aquest plafó ceràmic es pot treballar tant a l'ensenyament primari com al secundari; és un recurs iconogràfic fonamental per tal de poder treballar la vida quotidiana al segle XVIII. A partir de la informació que podem extreure de l'observació d'aquesta imatge podem proposar una activitat d'identificació, ubicació, reconeixement de grups socials, festes, activitats econòmiques, costums, comerç...

Preparant la xocolata. *Plafó de la xocolatada*

Activitat

L'activitat consisteix en l'observació i anàlisi del conjunt a partir de la lliure descripció, les preguntes o el guió d'observació que pugui confegir el professor. Podem procedir a analitzar-lo per temàtiques o escenes: jardí, zona de ball i música, menjar a taula, preparació de la xocolata i personatges principals. Podem començar amb una descripció del mateix espai: el jardí. Haurem de donar rellevància a la vegetació i als elements arquitecturals, els templets, les escultures presents, el brollador central coronat per la figura de Cupido. Localitzarem la zona de menjar, amb una taula que ens mostra un menjar prou variat, que observarem i definirem i que pot donar peu a parlar de l'alimentació de l'època i els sistemes de conservació d'aliments. També assenyalarem com es distribueixen els homes i les dones i com els servents i els esclaus els serveixen. Cal destacar els recipients de fusta amb gel a l'interior que servien per refredar les begudes. Identificarem en la zona de música un grup que està ballant, ens fixarem en quants músics formen l'orquestra i quins instruments fan servir. A partir d'aquí podrien fer una recerca sobre la història d'aquests instruments musicals i aquests balls. Treballarem també el mateix objecte del plafó: la xocolata. Hom pot observar com es prepara la xocolata identificant el fogonet, la xocolatera i el molinet que servia per desfer grumolls. Podem veure com la xocolata es diposita en xicres que els cavallers s'apressen a portar a les dames. També podrem identificar diferents escenes de festeig i com arriba al lloc una cadira de mans amb una senyora. La porten dos esclaus, identificables per la cueta, i va escoltada per un home armat que tanca el seguici.

I a més a més...

Podem preparar al pati del centre una xocolatada emprant una tècnica similar a la mostrada en el plafó. Podem imprimir sectors del plafó, enganxar les parts amb figures damunt de cartró i retallar-les. Amb les peces obtingudes podem treballar teatrins i dioràmes. Podem assajar de posar un diàleg versemblant a l'època (com les bafarades dels còmics) damunt de fotocòpies o impressions, tot imaginant la conversa de cadascun dels personatges.

Recursos

- *Museu de Ceràmica de Barcelona.* <www.emblecat.com/tag/plafo-de-la-xocolata>. <www.museudeldisseny.cat/museu/museu-de-ceramica>.
- *La xocolatada. Edu3.cat.* <www.edu3.cat/Edu3tv/Fitxa?p_id=21378>.

7. Rajoles i vestits

P S

Interès educatiu

Trobem representacions de figures humanes en moltes rajoles del segle XVII i principi del XVIII, i també en plafons com el de la xocolatada. El *Plafó de la xocolatada* és una obra exposada, actualment, en el Museu del Disseny de Barcelona. Plafons ceràmics i rajoles d'oficis, així com figures humanes representats en els plats del segle XVII i de principi del XVIII ens mostren la indumentària de les persones del moment. El *Plafó de la xocolatada* és un bon document per aproximar-nos a la indumentària dels poderosos.

Vestits de gent benestant de principis del XVIII. *Plafó de la xocolatada*

Activitat

Podem procedir a analitzar la vestimenta a partir d'explicacions, d'una guia d'observació o a partir d'una bateria de preguntes que faci que l'alumne hagi de localitzar determinats personatges, determinades peces de vestir o complements. Rajoles, plats i plafons (com el mateix *Plafó de la xocolatada*) mostren la riquesa quant a indumentària. Analitzant aquesta vestimenta podem comentar quins són els colors dominants en la vestimenta masculina i en la femenina, i podem dibuixar una figura genèrica que reflecteixi els vestits i complements dels homes: tricorni, perruca, corbata, casaca, calces, mitges i sabates amb sivella. I el mateix en el cas de les dones: identificar les faldilles, la marlota, el pitral de sota la marlota, el davantal o faldellí, les mitges, els tapins, complements de cap com ara còfies de lli o les dues cintes que penjaven: els lappets. Algunes de les dones porten un vano. Al plafó també hi ha personatges amb vestits singulars. Així, podem localitzar un home amb capa, i també aquells que apareixen amb vestits més senzills: els músics, els criats i el esclaus, els tàrtars, que apareixen rapats i amb una cueta.

I a més a més...

Podem recollir imatgeria, a partir de gravats, de personatges del moment i provar de descriure la seva indumentària. Poden confegir retallables de personatges als quals puguem canviar el vestit. Podem classificar diferents tipus de vestits des de mitjan del XVII fins a mitjan del XVIII tot col·locant-los en l'ordre cronològic que els correspon. Podem investigar sobre les diferents tipologies de roba que s'utilitzava en cadascuna de les peces: llana, cotó, seda, lli... A banda del *Plafó de la xocolatada*, podrem obtenir nombroses imatges d'indumentària a partir de les rajoles d'oficis. N'hi ha a incomptables museus catalans i en general corresponen a una cronologia propera a la Guerra de Successió.

Recursos

- *Museu de Ceràmica de Barcelona.* <www.emblecat.com/tag/plafo-de-la-xocolata>. <www.museudeldisseny.cat/museu/museu-de-ceramica>.
- *La xocolatada. Edu3.cat.* <www.edu3.cat/Edu3tv/Fitxa?p_id=21378>.

8. Oficis i auques

P S

Interès educatiu

Les auques ens proporcionen una molt bona informació sobre el segle XVIII i constitueixen un tipus de document artístic molt propi de la cultura catalana. En aquest període s'elaboren a partir de xilografies.

En molts casos tracten temes monogràfics (oficis, jocs, festes de l'any), explicant-los amb reculls d'imatges inserides en caselles, en forma de vinyeta, i acompanyades de vegades amb intents de rodolí.

Hi ha algunes auques d'oficis on apareixen representats artesans i professionals amb els seus quefers i eines: boters, mestres, adroguers, espardenyers, ferrers, etc.

La majoria d'auques són de final del XVIII però tant la temàtica com la iconografia (sovint reaprofitada de moments anteriors) fan que siguin plenament vàlides per aproximarnos al món dels oficis de principis del segle XVIII.

Auca d'oficis

Explicació de l'activitat

Les auques d'oficis es poden treballar tant a primària com a secundària. Recomanem especialment que s'utilitzin les auques de finals del XVIII (que es continuen imprimint al XIX), especialment la de Josep Rubió, i també les de Pau Roca o Ignasi Abadal. Les possibilitats de treball son múltiples. Podem subministrar als alumnes còpies de l'auca, o bé mostrar-la a partir de la pissarra electrònica o projector. A partir de l'observació anirem identificant oficis, establirem paral·lelismes amb el present, i en comentarem les eines i processos de producció. Valorarem la importància de cadascun del oficis a l'època i mirarem d'establir per què alguns han desaparegut. Una altra possibilitat és donar les caselles retallades i associar cadascuna a l'ofici que li correspon i també al rodolí que li pertoca. Si hem proporcionat les caselles reproduïdes a una mida gran podem demanar als alumnes que les acoloreixin amb colors creïbles; també podem demanar que plantegin els seus propis rodolins. Si volem establir ponts amb el present podem plantejar les activitats que proposaríem en una auca d'oficis i professions de l'actualitat.

A partir de les auques d'oficis podem introduir conceptes fonamentals per entendre la societat del segle XVIII: els gremis i les confraries. En algunes ciutats amb casc urbà medieval (Barcelona, Girona, Lleida, Tarragona, València, Ciutat de Mallorca...) podrem correlacionar les imatges dels gremis amb els carrers que els corresponien.

I a més a més...

Un recurs similar al de les xilografies d'oficis és el de les rajoles d'ofici, molt usuals a la Catalunya del XVII i del XVIII. Les podem utilitzar igualment per aproximar el món del treball i la vida quotidiana al segle XVIII. Les associacions d'artesans acostumen a disposar de materials com ara el vídeo següent, de l'Associació d'Oficis Tradicionals de Catalunya, que permet buscar els oficis que surten, fer-ne una llista i relacionar-los amb els de les auques: *www.youtube.com/watch?v=ct3EpvjrLTk*

Finalment també podem procedir a aproximar la fabricació de xilografies a partir de planxes de linòleum.

Recursos

- *La paret de les auques.* <www.auques.cat>.
- *Les auques.* <http://mdc.cbuc.cat/cdm/compoundobject/collection/joanamades/id/412>.

9. Auques de jocs

P S

Interès educatiu

El joc és una via important que ens permet apropar-nos a la vida quotidiana i l'imaginari de les societats del passat. Hi ha algunes auques que ens mostren alguns dels jocs més populars entre infants i adults. Entre la diversitat d'auques lúdiques també hi ha les que mostren els jocs dels infants de l'època: saltar i parar, jugar a cavalls, les carotes, el trompitxol, el cavall fort, la planxa, fer pinyes, les maces, l'arriar, el marro, saltar el foc, fer bombolles, el molinet, les sagetes, el puput, la pedra pica...

Una forma d'apropar-nos a la vida dels infants d'èpoques passades és a partir dels seus jocs. Les auques ens proporcionen un recurs fonamental per tal de poder conèixer, a partir de les il·lustracions, els entreteniments dels nens i nenes, on i a què jugaven. L'interès pedagògic rau en la importància de tenir un document d'època que ens proporciona una informació valuosa sobre el món dels infants i l'esbarjo.

El joc de pilota. Auca de jocs

Activitat

Els exemplars originals es poden obtenir fàcilment a partir de la xarxa, i existeix un treball de descripció exhaustiu, una autèntica guia didàctica, de Joan Amades, sobre els jocs representats que pot ajudar a plantejar la comprensió de les imatges. La primera activitat pot consistir a analitzar com está estructurada l'auca. En el moment en què ja tenim una imatge general del document passem a investigar-lo relacionant les imatges amb els jocs. Trobarem jocs

Les bitlles. Auca de jocs

molt coneguts i d'altres que costarà de reconèixer, la qual cosa exigirà una activitat de recerca. També hi ha representats jocs que requereixen peces i artefactes. Alguns es podran relacionar amb altres de similars actuals, presents fins i tot a les llars dels alumnes. Si aquest és el cas es poden comparar similituds i diferències entre els models del passat i els actuals. També podem procedir a fabricar les peces o estris d'alguns dels jocs, que passaran a formar part de les joguines que el centre escolar tingui per treballar la psicomotricitat, les matemàtiques...

Els alumnes de primària, a partir dels jocs que han treballat, poden dibuixar una auca de jocs antics i una altra amb els actuals i, més tard, es pot fer una xerrada a la classe sobre les semblances i diferències. Els de secundària poden afegir a la seva auca els seus propis rodolins.

I a més a més...

Les possibilitats d'organitzar un manual de jocs del segle XVIII són molt diverses (baldufes, jocs de corda, daus, cartes), i fins i tot es pot crear una ludoteca d'època. Una activitat interessant pot ser comparar el coneixement dels jocs d'època amb les evidències arqueològiques que ens han perviscut. Així, en el conjunt arqueològic del Born hom ha pogut recuperar elements materials de joc com ara fitxes, daus, taulells de tres en ratlla, baldufes... Els materials es poden localitzar en alguns dels treballs d'Albert García Espuche dedicats a la ciutat del Born.

Recursos

GARCÍA ESPUCHE, A. (ed.) (2009): *Jocs, triquets i jugadors. Barcelona 1700.* Barcelona. Ajuntament de Barcelona.

AMADES J. (1984): *Auca dels jocs de la mainada.* Barcelona. Centre de Promoció de la Cultura Popular i Tradicional Catalana. <http://mdc.cbuc.cat/cdm/compoundobject/collection/joanamades/id/748/rec/1>.

- *Les auques dels Abadal.* <http://tionia1.pangea.org/Auques/Estampers/P.Abadal/Pabadal1.htm>.
- *Les auques antigues.* <http://tionia1.pangea.org/Auques/Gups Auques/2Antigues/Antigues 4.htm>

10. L'arribada d'una reina

S

Interès educatiu

L'estiu de 1705 Barcelona va ser conquerida pels aliats. Carles III va fer de Barcelona la seva capital, i el 1707 es va casar amb Elisabet de Brunswic. Els joves reis van ser molt estimats pel poble i es van convertir en defensors de les llibertats catalanes. L'abril de 1711 va morir Josep I, emperador d'Àustria. A Carles, el seu germà, li va tocar fer-se càrrec d'Àustria i del Sacre Imperi. Va marxar cap a Viena el setembre de 1711 i Elisabet va quedar com a lloctinent a Catalunya. Elisabet va ser una reina dinàmica i emprenedora i va exercir tasques polítiques i militars amb encert. En aquest sentit cal incorporar el coneixement d'aquesta important estadista, i el podem introduir a partir d'un gravat de la Biblioteca Nacional de França que ens mostra la seva arribada a Barcelona. Aquest gravat representa l'arribada oficial de la reina Elisabeth a Barcelona el 25 de juliol de 1708 a Mataró.

Elisabet de Brunswic, reina dels catalans, arriba a Mataró

Activitat

Podem demanar als alumnes que facin una petita biografia de Carles III i d'Elisabeth de Brunswic, que van ser reis i emperadors. Tot seguit entrarem en l'anàlisi del gravat, que el podem presentar fins i tot com una iconografia misteriosa. Intentarem establir quina ciutat representa, si és Mataró o Barcelona. Identificarem el personatge principal i en descriurem el vestit i l'aspecte. Ens centrarem a continuació en el seguici de la princesa i el descriurem. Comentarem també com està format el comitè de recepció, i especularem si és o no el rei, qui li dóna personalment la benvinguda. Pararem atenció, també, en l'armament de les tropes que formen part del grup de recepció i mirarem de descriure la carrossa reial que es veu parcialment a l'escena. Del port en comentarem la varietat de vaixells, navilis i galeres i de com des d'una fortificació propera es disparen salves d'honor. Si ho considerem oportú confegirem una guia d'observació i descripció per comentar l'element de manera més sistemàtica.

I a més a més...

Podem localitzar fotografies de les tombes de Carles III (Carles VI d'Àustria) i Elisabet. Ambdós, ja de molt grans, es van fer enterrar amb motius decoratius que evocaven la seva estada a Catalunya. La tomba de Carles III mostra el rei davant del regiment de Guàrdies Catalanes a la batalla de Saragossa (1710) i la d'Elisabeth mostra la reina dalt d'un vaixell al port de Barcelona.

També podem comentar altres gravats existents sobre l'arribada d'Elisabet, el gravat en el qual Elisabet resta sota pal·li davant de Barcelona i el que mostra la parella reial acompanyada pel seu seguici.

Recursos

- *Gravat d'Elisabet a Mataró.*
  <http://gallica.bnf.fr/ark:/12148/btv1b8407944h.r=Barcelone.langES>.
- *Gravat amb els reis.*
  <http://gallica.bnf.fr/ark:/12148/btv1b8407945x/f1.zoom.r=Barcelone.langES>.
  <http://1714.mhcat.cat/ambit03/subambit01/wie_die_konigle.html>.
- *Catalunya i la Guerra de Successió (1702-1715).*
  <http://1714.mhcat.cat/ambit03/subambit01/galeria_barcelona_cort_reial.html>.

11. Símbols de Catalunya

P S

Interès educatiu

Els símbols de Catalunya han estat històricament l'escut amb els quatre pals del Casal de Barcelona, així com la creu de Sant Jordi, que representa la Generalitat de Catalunya. L'escut de la ciutat de Barcelona sovint ha estat emprat, també, com símbol representatiu de Catalunya.

L'escut de Barcelona, sovint utilitzat com a símbol de Catalunya

Els símbols nacionals són aquells que representen o evoquen una nació. En el cas de la Catalunya d'avui l'escut i la bandera es defineixen a partir de l'ensenya dels comtes de Barcelona, els quatre pals de gules sobre camper d'or. Tanmateix, la bandera de la Terra d'ençà de l'edat mitjana i per tant la representativa de Catalunya era la creu de Sant Jordi, una creu de gules damunt camper d'argent. Aquesta ensenya va ser adoptada també per la Generalitat de Catalunya, i en aquest sentit era l'ensenya dels catalans. Quina de les dues ensenyes era considerada com a nacional durant l'edat moderna? Una recerca sobre aquesta temàtica pot resultar interessant, atès que ens permetrà conèixer els antecedents dels símbols actuals fixats en el seu dia pel Parlament de Catalunya.

Activitat

Abans de fer una aproximació als símbols nacionals de Catalunya durant l'edat moderna, els alumnes han de conèixer les dues llegendes que els protagonitzen, la de Guifré el Pilós i la de Sant Jordi. Tot seguit podem procedir a visualitzar alguns documents medievals en els quals apareguin banderes o escuts (com ara l'*Atles Català de Cresques*). Podem plantejar el problema de les ensenyes a l'edat moderna a partir d'allò que la societat catalana considerava important com element de vertebració nacional: les Constitucions. Analitzarem quins són els escuts que d'ençà del segle XVI i fins al començament del XVIII apareixen en les portades de les Constitucions Catalanes, el referent nacional per definició. Podem lliurar als alumnes les portades d'alguns exemplars o bé podem demanar-los que les localitzin a través de la xarxa. Podrem comprovar que de vegades les Constitucions s'inicien amb l'escut del rei (els quatre pals) i de vegades amb l'escut de la Terra (la creu de Sant Jordi), per la qual cosa podem concloure que durant el període una o altra ensenya es consideraven com a pròpies dels catalans. També podem procedir a revisar la cartografia de l'època i veure quins escuts s'associen en les cartel·les dels mapes de Catalunya. Podrem constatar que també de manera indistinta s'utilitzen l'escut reial, la creu de Sant Jordi, l'escut de la Terra, i també l'escut de la Ciutat de Barcelona, cap i casal del comtat de Barcelona.

I a més a més...

L'aproximació a la simbologia nacional durant l'edat moderna ens pot aconduir a estudis d'heràldica i vexil·lologia, que sempre resulten instructius i interessants. Un altra possibilitat és reflexionar sobre l'ús de les banderes i la història dels senyals de Catalunya. En aquest sentit caldrà destacar que la popularització de la bandera de les quatre barres com ensenya nacional es va impulsar durant el darrer terç del segle XIX, atès que abans havia estat una ensenya molt exclusiva del rei.

Recursos

ANGUERA, P. (2010): *Les quatre barres, de bandera històrica a senyera nacional.* Barcelona. Rafael Dalmau.

– (2010): *Sant Jordi, patró de Catalunya.* Barcelona. Rafael Dalmau.

- *Símbols nacionals. Generalitat de Catalunya.* <www.gencat.cat/catalunya/cat/coneixer-simbolsnacionals.htm>
- *Imatges de qualitat de les Corts de Ferran II:* «Ferran el Catòlic». *Viquipèdia.* <http://ca.wikipedia.org/wiki/Ferran_el_Catòlic>.

Hi ha nombrosos gravats i mapes de Catalunya dels segles XVII i XVIII; els podem obtenir directament a partir de les pàgines web de l'ICGC, de la Biblioteca de Catalunya o de Gallica BNP.

12. Gravats de Rigaud

S

Interès educatiu

Jaques Rigaud va publicar els seus 6 gravats inspirats en el setge de Barcelona el 1732 i, tot i que no són contemporanis al setge i ens mostren una imatge poc acurada de l'interior de la ciutat, s'ajusten al procés de setge de Barcelona. Els gravats ens donen una informació seqüenciada, pas a pas, de com es va produir el setge. En les sis fases que ens ofereixen, podem veure l'arribada de les tropes borbòniques, tot el procés de construcció de les trinxeres que permeteren l'apropament de les tropes a la ciutat, així com una visió de l'assalt centrada en el punt on els combats van ser més cruents, és a dir al baluard de Santa Clara i la bretxa reial. Tot plegat i encara que la pretensió de Rigaud era fer una obra didàctica per ensinistrar joves militars en el que eren els processos de setge, els treballs de Rigaud esdevenen una autèntica crònica del setge i assalt de Barcelona.

El nivell de detall dels gravats és tan extraordinari que, no només hi podem identificar baluards i referents geogràfics de la ciutat, sinó que també podem fer una lectura múltiple de cada làmina, ja que estan farcides de detalls en cadascun dels espais representats; des de com es construeix una trinxera, els instruments que utilitzen els sapadors, fins a les diferents formes d'armament, l'hospital de campanya, les zones de comandaments, el desplegament de la infanteria, cavalleria, etc.

Activitat

Abans de tractar el treball dels gravats de Rigaud, caldrà treballar conceptes molt específics de la guerra a l'edat moderna com ara *cordó de setge, baluards, camí cobert, fossat, glacis, canons, morters...* Per començar-se a familiaritzar amb els gravats el més idoni és iniciar-ne l'observació tot fent una descripció del que s'hi veu. D'aquesta manera l'alumne verbalitza tot allò que li crida l'atenció i se'l pot anar guiant. No cal iniciar l'observació per ordre cronològic, sinó que es pot començar per qualsevol de les làmines i ajudar els i les alumnes a anar-les descrivint. En aquest exercici els farem veure que tenen un gran nivell de detall i també que l'espai geogràfic on es desenvolupen els fets és molt semblant a Barcelona. Un cop feta aquesta primera aproximació, podem passar a posar les làmines en ordre cronològic.

A continuació podem demanar els alumnes que busquin a cada làmina els elements més significatius.

Làmina 1: castell de Montjuïc, flota de bloqueig per mar, forces de cavalleria, forces d'infanteria, sapadors transportant feixines, evacuació de ferits.

Làmina 2: trinxera paral·lela, bateries d'artilleria, tropes de la ciutat que ataquen la trinxera, soldats que excaven la trinxera, evacuació de ferits, hospital de campanya, comandament borbònic.

Làmina 3: torre de Sant Joan, baluard de Santa Clara, sapadors que transporten gabions, oficials borbònics, combat per dominar camí cobert.

Làmina 4: camí cobert, fossat, bretxa de Santa Clara, torre de Sant Joan, voladura del baluard de Portal Nou, morters instal·lats al camí cobert, comandament i oficials.

Làmina 5: bretxa reial, fossat, baluard de Santa Clara, baluard de Sant Pere, baluard del Portal Nou, torre de Sant Joan, gran trinxera travessera, tropes enemigues que ataquen la travessera, bretxes en els diferents baluards.

Làmina 6: piràmide del Born, port, soldats que ataquen gent innocent, edificis imaginaris, assassinats contra la població civil i incendis.

I a més a més...

Per ampliar informació sobre el setge de Barcelona fóra bo consultar planimetria de l'època, com ara els plànols francesos referents als atacs als baluards de Santa Clara i Portal Nou, i el plànol de Barcelona, del cordó de setge de 1713, en què es pot observar amb tota mena de detalls la ubicació dels exèrcits francesos i espanyols, així com alguns dels barris que encara existeixen a Barcelona, com el Clot, Sant Martí de Provençals, Sants, les Corts o bé la muntanya de Montjuïc. També podem veure el trajecte que feia el rec Comtal, tan important per al desenvolupament de la ciutat medieval i moderna.

Recursos

- Els gravats de Rigaud es poden consultar, amb una molt alta resolució, a la cartoteca digital de l'ICGC. *http://cartotecadigital.icc.cat/cdm/search/collection/vistes/searchterm/Rigaud/order/ nosort*
- Els mapes francesos de la BNP i el «Plan de Barcelone où est marqué le Camp de Larmée du Roy qui en fait le blocus depuis le 28 juillet 1713 avec la ligne de contrevallation et autres Postes avancez contre le place» del Archivo General de Simancas, els podeu descarregar directament a partir de la pàgina següent: *www.guerradesuccessio.cat/bat_barcelona_08.html*
- Per a una anàlisi didàctica detallada dels gravats de Rigaud vegeu:
  HERNÁNDEZ CARDONA, F.X.; RIART JOU, F. (2014): *Barcelona 1714. Jacques Rigaud: Crònica de tinta i pólvora.* Barcelona. Editorial Librooks.

13. Un quadre del Born de Barcelona

P S

Interès educatiu

El quadre del Born que es conserva a l'Arxiu Històric de la Ciutat de Barcelona és un document extraordinari per aproximar-nos al segle XVIII. Observar el dia a dia d'una ciutat resulta sorprenent. L'observació d'aquesta font ens proporciona una imatge prou diàfana de com era la vida quotidiana del moment. Aquests carrers estaven plens de gent (menestrals, mossos, pobres, frares, soldats, jugadors, troneres, visitants, venedors ambulants, pidolaires, gats i gossos...) que anava amunt i avall, persones que treballaven a la porta de casa, cavalleries i carros que circulaven per carrers estrets, deixalles que s'acumulaven en la via pública, pudors causades pels sistemes d'evacuació de residus deficients, guinguetes que venien tota mena de productes, etc. L'interès pedagògic rau en la varietat dels temes que ens permet treballar i les relacions i vincles que tenen entre ells. A més a més, proporciona un cert element de curiositat que portarà els alumnes a fer una recerca sobre la vida quotidiana.

Activitat

El quadre del Born dóna una imatge prou holística del món urbà català del segle XVIII. L'activitat consistirà a analitzar què és el que ens explica la font i sobre què ens informa. Podem començar amb una observació general sobre el conjunt per fer; tot seguit, amb una ressenya sobre el caràcter general de la representació: Quina part de la ciutat mostra? Quins són els carrers representats? Quines són les paradetes mòbils?

El Born, el centre de la ciutat durant el segle XVIII

Quines són les botigues estables? Quina mena de productes es venen? Un segon tema que podem tractar és l'urbà i constructiu: Quants pisos tenen les cases? Dominen els terrats o bé les teulades? Com es protegeixen balcons i finestres del sol? Hi ha persianes? A quina mena d'artesans pertanyen els obradors i botigues de la planta baixa?

Finalment, ens podem centrar en els personatges representats: Qui són? Què fan?

Aquesta anàlisi de la gent també el podem plantejar a base de fer indicacions: localitza el cavaller que dóna una almoina, descriu el vestit de les venedores ambulants... També podem plantejar les converses que tenien entre ells escrivint bafarades com si fos un còmic.

I a més a més...

Podem complementar la visualització del Born amb altres quadres contemporanis de l'època, com ara el que mostra la peixateria, també de l'AHCB, o altres quadres que ens mostrin mercats ambulats a Barcelona com els que va retratar Martí Alsina.

Recursos

- *El Bornet, de la realitat a la tela.* <www.bcn.cat/publicacions/b_mm/ebmm66/08-17.pdf>.

14. La bandera de Santa Eulàlia

S

Interès educatiu

La bandera de Santa Eulàlia és un dels símbols de Barcelona, i també de Catalunya, atès que amb ella es va lliurar el darrer combat en defensa de les llibertats del país. Per tant, resulta interessant aproximar-nos a aquest element iconogràfic i arqueològic.

Santa Eulàlia va ser considerada d'ençà de l'edat mitjana protectora de la ciutat de Barcelona. Quan la ciutat estava en perill els barcelonins enarboraven la bandera de Santa Eulàlia tot confiant en la seva protecció. Durant la Guerra de Separació de 1640-1659 es va invocar en diferents moments, i també durant la Guerra de Successió, en el setge de 1706 i en el de 1713-1714. Durant la batalla de l'11 de setembre de 1714, el conseller en cap Rafael Casanova va contraatacar enarborant la bandera de Santa Eulàlia. La bandera de Santa Eulàlia no era sempre la mateixa, s'anava reposant i refent constantment atès que, com que era pintada sobre tela, la seva duració era limitada. Després de la batalla de l'11 de setembre hom suposa que el pendó va ser capturat per les forces borbòniques. Conservem un fragment central de bandera de l'època que podria ser contemporània del conflicte tot i que no sabem amb certesa si va ser la que va presidir l'atac de Rafael Casanova.

Fragment de la bandera de Santa Eulàlia

Activitat

L'activitat central a l'entorn d'aquesta font se centrarà en la descripció de les restes que es conserven. Com és la imatge de la santa? Quins són els atributs que porta? Com són els colors? Quina és la decoració predominant? Amb quins materials estava confegida la bandera?

També podem incidir en els usos: per a què es feia servir? Quins valors se li atribuïen? En quines ocasions es va fer servir? Si els alumnes tenen prou destresa quant a recollir informació podem fins i tot intentar reunir les descripcions que de la bandera i el pendó en fan diferents autors coetanis: Francesc de Castellví, Narcís Feliu de la Penya, així com historiadors del XIX que van reflexionar sobre el tema: Salvador Duran i Sampere.

I a més a més...

En el present les restes de la bandera de Santa Eulàlia estan exposades al Centre Cultural del Born de Barcelona, tot i que la peça pertany al Museu d'Història de la Ciutat de Barcelona. Si hi ha la possibilitat paga la pena visualitzar directament la peça. Un altre tema interessant és el de la restauració efectuada el 2013; va ser una restauració molt difícil atès que la tela era molt fràgil i estava enganxada a unes taules de fusta. Finalment, també pot resultar interessant visualitzar gravats i fullets coetanis relacionats amb la bandera de Santa Eulàlia: «Anima Barcelona a sus hijos». Aquest fullet es pot trobar a la xarxa, és de lectura fàcil i es poden entendre bé els significats dels diferents paràgrafs.

Recursos

- Modesto de la Fuente, un historiador espanyol del XIX, va recollir les característiques de la bandera com es conservava llavors.
  http://commons.wikimedia.org/wiki/File:Bandera_de_Santa_Eulàlia.jpg
- Les diferents descripcions de la bandera de Santa Eulàlia, així com fragments que expliquen el paper de l'ensenya en la batalla i gravats del segle XIX que reimaginen situacions amb la bandera de Santa Eulàlia, les podeu trobar a:
  www.11setembre1714.org/banderes/bandera-eulalia-frame.html
- La producció fílmica és escassa; entre els curts més significatius hi ha:
  www.youtube.com/watch?v=4MFf11GZnTg
- D'entre els fulletons religiosos relacionats amb el setge, el més significatiu és el següent:
  http://commons.wikimedia.org/wiki/File:A-librar-la-tierra-a-gloriar-la-patria-a-ellos-santa-eulalia-1714.jpg

15. Imatges d'una guerra mundial S

Interès educatiu

El domini de les cronologies històriques s'aconsegueix en tant que els diferents segles es puguin a associar a imatges significatives. Un alumne ensinistrat en la visualització d'imatges històriques ha de ser capaç, en base a la pràctica, de relacionar les imatges amb el període que li corresponen. Quan hom estudia una guerra, que al capdavall és un fenomen històric, ha de saber interpretar les imatges que corresponen; en aquests cas exèrcits, combats, soldats, fortificacions o armes. En veure la forma dels uniformes, l'armament dels soldats, la disposició dels combatents, l'artilleria, etc., els alumnes han de reconèixer a quin període pertanyen i, si pot ser, afinar en quin segle o moment del segle.

Activitat

Demanarem als alumnes que confegeixin una llista de les batalles més importants de la Guerra de Successió espanyola i, un cop elaborada, els demanarem que localitzin imatges. Aquest treball es podrà fer en base a un repartiment per grups. Les imatges localitzades es referenciaran en un mapa, la qual cosa ens permetrà observar els principals escenaris del conflicte. Els han de comentar indicant si es tracta d'una batalla, un setge o un combat naval, si hi apareixen tropes d'infanteria, de cavalleria, si surten comandaments, etc. També hauran de tractar d'identificar els bàndols confrontats.

I a més a més...

L'aproximació a les batalles es pot compaginar amb la recerca sobre uniformes i banderes dels diferents contendents.

Recursos

- *Batalles. Museu Virtual de la Guerra de Successió (1702-1714).* <www.guerradesuccessio.cat/02batalles.html>.
- *Llista de batalles del segle XVIII. Viquipèdia.* <http://fr.wikipedia.org/wiki/Liste_de_batailles_du_XVIIIe_siècle>.
- *El conflicte. Museu Virtual de la Guerra de Successió (1702-1714).* <www.guerradesuccessio.cat/01conflicte.html>.

16. Caps polítics en conflicte

S

Interès educatiu

Entendre un conflicte internacional no és fàcil i més si no tenim una imatge clara de tots els seus protagonistes. Així que amb la proposta que presentem tractem d'interrelacionar els diferents estats implicats i els seus governants. L'interès pedagògic rau en l'objecte de coneixement, atès que els dirigents polítics, els caps d'estat, tot i que no ho són tot, són determinants a l'hora de prendre decisions en un conflicte, i també en el tipus de mètode que es proposa de vincular els personatges a les seves nissagues i als territoris sobre els quals tenien ascendència.

Activitat

Per tal d'aproximar els diferents territoris implicats en la Guerra de Successió ens centrarem a conèixer qui governava en cadascun d'ells i quines aliances existien. En primer lloc i damunt un mapa d'Europa en iniciar-se el conflicte, marcarem els contendents; el bloc aliat anirà d'un color i el bloc borbònic d'un altre. A banda subministrarem als alumnes rèpliques, imatges (o enllaços) de quadres, pintures o dibuixos d'època que ens mostrin personatges amb responsabilitats polítiques. També podem demanar que localitzin ells les imatges a partir de la xarxa. Donarem també una llista de noms de responsables polítics i en farem una descripció congruent amb la imatge que els hàgim donat per tal que la puguin identificar. També lliurarem una imatge de l'escut heràldic de les diferents cases reials. Amb tot plegat l'alumne haurà de relacionar el territori amb el governant que li correspon, amb la imatge

Fitxes amb els caps polítics de la Guerra de Successió

d'aquest i amb l'escut pertinent. Tot seguit podem comentar els més diversos aspectes: els elements presents en l'escut i la naturalesa política de cadascun dels territoris. Els personatges que s'han de considerar són, com a mínim:

- **Carles II (1661-1700):** rei de Castella i d'Aragó i comte de Barcelona.
- **Lluís XIV de França (1638-1715):** rei de França, anomenat el Rei Sol.
- **Felip V d'Espanya (1683-1746):** rei de Castella i, com a Felip IV, rei de Catalunya-Aragó, de Sicília, de Nàpols i de Sardenya (fins al 1705).
- **Maria Lluïsa Gabriela de Savoia (1688-1714):** reina de Castella i de Catalunya-Aragó en casar-se amb Felip V.
- **Leopold I (1640-1705):** emperador romanogermànic, rei de Germània i de Bohèmia i arxiduc d'Àustria i rei d'Hongria.
- **Josep I (1678-1711):** emperador romanogermànic, rei de Germània i arxiduc d'Àustria, rei d'Hongria.
- **Carles III (1685-1740):** rei de Castella i Aragó, comte de Barcelona, i emperador del Sacre Imperi Romanogermànic, arxiduc d'Àustria i rei d'Hongria.
- **Elisabeth Cristina de Brunsvic-Wolfenbüttel (1691-1750):** emperadriu romanogermànica, reina de Catalunya-Aragó pel seu casament amb Carles III.
- **Anna I de Gran Bretanya (1688-1714):** reina d'Anglaterra, Irlanda i Escòcia.
- **Antoine Heinsius (1641-1720):** polític holandès que ostentava el màxim poder com a gran pensionari d'Holanda. El 1703 es van adherir a l'Aliança Portugal i Savoia.
- **Pere II de Portugal (1683-1706):** rei de Portugal.
- **Víctor Amadeu II de Savoia (1666-1732):** duc de Savoia, rei de Sicília i Sardenya.
- **Climent XI (1649-1721):** papa de Roma.

I a més a més...

Pot resultar interessant fer una recerca sobre els pretendents a la corona dels Regnes Hispànics en el context de la successió de Carles II, i a partir d'aquí crear un arbre genealògic que expliqui els llaços que tenien els dos pretendents amb el rei traspassat.

Recursos

- *El conflicte. Museu Virtual de la Guerra de Successió (1702-1714).* <www.guerradesuccessio.cat/01conflicte.html>.
- *«Guerra de Successió Espanyola». Viquipèdia.* <https://ca.wikipedia.org/wiki/Guerra_de_Successió_Espanyola>.
- *Banderes. 11 de setembre de 1714.* <www.11setembre1714.org/banderes.html>.
- *La Guerra de Successió.* <www.bages1714.cat/revista/ESO/index.html#/6/>.

17. L'11 de setembre de 1938 S

Interès educatiu

La gesta de l'11 de setembre de 1714 va quedar vinculada a l'imaginari de la societat catalana. Durant el segle XIX el treball d'historiadors progressistes a l'entorn de Víctor Balaguer va contribuir a vincular la imatge de l'Onze de Setembre a la lluita per la llibertat de Catalunya. Durant la Guerra Civil Espanyola l'Onze de Setembre es va continuar celebrant a Catalunya, i sovint l'èpica de 1714 es va invocar per fer front a un enemic que, novament, intentava liquidar les llibertats de Catalunya per imposar un regim despòtic.

Cartell de la Generalitat de l'11 de setembre de 1938

En començar el setembre de 1938 Catalunya tenia una situació semblant a la que ja havia experimentat el setembre de 1714. Les potències europees havien abandonat la causa republicana o estaven en vies de fer-ho, i Catalunya, en l'esforç de la batalla de l'Ebre, lliurava el darrer combat contra les forces feixistes. En aquest context resulta interessant veure com per estimular la resistència es va posar com a exemple la voluntat que els catalans havien manifestat el 1714. La celebració de l'11 de setembre de 1938 va ser especialment significativa. L'activitat proposa que s'analitzi com el disseny de cartells del moment va utilitzar l'Onze de Setembre per animar la resistència.

Activitat

Proposem analitzar un cartell de l'11 de setembre de 1938, i posar-lo en relació amb el que deia la premsa de Barcelona en aquella mateixa data, i tot plegat relacionar-ho amb l'esforç que feia Catalunya en aquells moments per sostenir la batalla de l'Ebre. El cartell, editat per Grafos, no va signat. Es tracta d'un cartell unitari que no mostra el nom de cap institució ni partit polític. El fons del cartell mostra un soldat amb casc. Al davant, una al·legoria a Catalunya sosté la bandera quadribarrada i aixeca amb la mà una corona de llorer. La llegenda simplement diu «Catalans! 11 de setembre 1714-1938». Pel que fa a *La Vanguardia*, proposem la lectura de l'editorial de la primera pàgina, «La eterna lucha», i en segon lloc una notícia de la pàgina 6: «Conmemoración del 11 de septiembre. La Comisión organizadora del homenaje a Casanova dirige una alocución al pueblo de Cataluña».

A partir de tots dos documents, el cartell i el diari, els alumnes han de plantejar-se què passava a la Catalunya de 1938, quin era el moment de la guerra, perquè es feien comparacions amb el 1714, quin missatge s'enviava als ciutadans.

I a més a més...

A partir de la col·lecció de revistes de la Biblioteca de Catalunya o de l'Hemeroteca de la Biblioteca Nacional de España podem localitzar escrits d'altres publicacions catalanes d'aquell mateix dia per tal de tenir-ne una percepció més àmplia. Si volem ampliar la presència del concepte «Onze de Setembre» en el disseny de cartells podem fer una batuda a fi de localitzar altres cartells que incorporin conceptes o iconografia amb relació a l'Onze de Setembre o Rafael Casanova. Tant la Biblioteca de Catalunya com el Pavelló de República de la Universitat de Barcelona tenen àmplies col·leccions de cartells que es poden consultar per la xarxa.

Recursos

- *«Catalans! 11 de setembre 1714-1938». Memòria Digital de Catalunya (11 de setembre de 1938, recuperat el 23 d'abril de 2014).* <http://mdc.cbuc.cat/cdm/ref/collection/pavellorepu/id/467>.
- *«La eterna lucha». La Vanguardia (11 de setembre de 1938).* <http://hemeroteca.lavanguardia.com/preview/1938/09/11/pagina-1/33130139/pdf.html>.

FELIU TORRUELLA, M.; HERNÀNDEZ CARDONA, F. X. (2011): *12 ideas clave. Enseñar y aprender historia*. Barcelona. Graó.

18. Audiovisuals-fotografia P S

Interès educatiu

Les primeres imatges fotogràfiques i cinètiques que disposem sobre l'Onze de Setembre documenten els actes commemoratius d'aquesta data i són de principi del segle XX. Així hom pot localitzar fotografies de com es commemorava l'Onze de Setembre des dels primers decennis del segle XX fins a la represa dels anys setanta i les manifestacions massives de la segona dècada del segle XXI. Aquestes fotografies i imatges cinètiques de les commemoracions son fonts primàries. No ens ensenyen directament els fets de 1714, però sí que ens mostren la pervivència en els temps de la memòria dels fets i pràcticament fins als nostres dies.

Activitat

Podem aproximar la celebració de la Diada des de principis del segle XX fins a l'actualitat a partir de la recopilació de fotografies i d'imatges cinètiques de diferents moments. Demanarem als alumnes que apleguin, a partir de la xarxa, imatges de l'11 de setembre de diferents anys. Les anteriors a la Guerra Civil Espanyola de 1936-1939 seran escasses i estàtiques. Tanmateix, a partir de la represa de 1976 podrem trobar força documents fotogràfics i cinètics. Caldrà explicar que la primera manifestació autoritzada va ser la de Sant Boi de 1976, que va ser una concentració massiva. En segon lloc recollirem documentació fotogràfica i cinètica sobre la gran manifestació de 1977, i en

Commemoració de la Diada a l'escultura de Casanova a principis del segle XX

comentarem els eslògans, les banderes i el tipus de consignes dels manifestants. Pel que fa al segle XXI caldrà recollir imatges de la manifestació de 2012 a Barcelona i de la gran Cadena Humana de 2013. Amb tots els materials aplegats intentarem fer un audiovisual, o una revista fotogràfica, que presenti la història de la Diada des dels inicis del segle XX fins al segle XXI.

I a més a més...

Amb relació a 1714 i a la defensa de les llibertats i constitucions catalanes val la pena treballar el vídeo de Pau Casals a les Nacions Unides el 1971. Pau Casals va ser guardonat per les Nacions Unides amb la medalla de la Pau. A la seu de l'ONU, a Nova York, Casals va fer un emotiu discurs on va explicar que el seu país, Catalunya, es basava en la elaboració de lleis participades i justes, i que les constitucions i el parlamentarisme català estaven en la gènesi de Catalunya, un país que va néixer com a terra de llibertat.

Recursos

- *Pau Casals a les Nacions Unides.*
  <www.paucasals.org/ca/PAU-CASALS-discurs-a-la-ONU/>.
  <www.youtube.com/watch?v=CMWZEjERIwQ&feature=player>.
- *Documentals d'11 de setembre diversos de final del XX i principi del XXI.*

Hi ha força documents que es poden consultar a través de Youtube.
<www.youtube.com/watch?v=S CzhLYBybw>.
<www.youtube.com/watch?v=U8pvLWXULOw>.
<www.youtube.com/watch?v=rognBag5A_E>.

19. La Gigafoto

P S

Interès educatiu

L'11 de setembre de 2013 l'Assemblea Nacional Catalana, una associació de la societat civil, va organitzar un acte de manifestació de masses en favor de la independència de Catalunya. Més d'un milió i mig de persones van formar una llarguíssima cadena humana que unia els límits del Principat de Catalunya entre el riu la Sènia i el Coll del Pertús, i encara s'estenia cap a les terres de València i de la Catalunya del Nord. Aquesta gegantina manifestació va ser àmpliament documentada, però una de les fonts més interessants que permet l'estudi del fet és l'anomenada Gigafoto. Tots els trams de la via es van fotografiar; això vol dir que milers de persones van ser retratades i que els participants es van poder reconèixer en les imatges. Es tracta, doncs, d'una de les fonts primàries més extraordinàries mai generades per documentar un fet històric.

Activitat

En primer lloc caldrà analitzar el recorregut global i els diferents trams en el quals s'organitzava la cadena. Tot seguit ens podem baixar les fotos de la cadena corresponents a la nostra localitat i comparar-les amb algun altre tram. Analitzarem el tipus de participació comptant o calculant el nombre de persones per tram i compararem els trams amb molta participació amb aquells que no en tenien tanta. Finalment mirarem d'aventurar un càlcul de participació a partir de la documentació que ens subministren les fotografies. A més, a partir de les imatges podem constatar el tipus de banderes i pancartes que utilitzava la gent, els colors de vestimenta predominants, l'edat dominant, etc.

I a més a més...

Podem comparar les imatges de la Gigafoto amb els documentals que es van fer sobre els fets i amb les edicions de diferents diaris, que podrem obtenir a partir de les hemeroteques.

Recursos

- *Gigafoto. Via Catalana cap a la Independència.* <http://gigafoto.assemblea.cat/index.php?lang=ca>.

Bloc 3.
Fonts primàries: cartografia

20. Ciutats de la Catalunya moderna

P S

Interès educatiu

El rei Lluís XIV de França va encarregar als seus cartògrafs plànols i vistes de ciutats i de territoris de tota Europa, i també de Catalunya, un territori proper i sovint vinculat a França. Un dels principals cartògrafs i paisatgistes va ser Sébastien de Pontault, Chevalier de Beaulieu (1612-1674), un enginyer militar francès considerat un dels fundadors de la topografia militar que va recórrer Catalunya i va fer un centenar de gravats, vistes i plànols.

Els gravats de Pontault es van fer entre els segles XVII i XVIII i, pel nivell de detall que tenen, són una font interessantíssima d'informació. Podem triar els gravats de Pontault que més s'adiguin als nostres interessos, ja que hi ha representades ciutats de la costa, de l'interior, del nord i del sud. Els gravats és el més semblant que tenim a una fotografia de l'època.

Activitat

Podem fer la selecció de gravats que més convingui. Les pautes per comentar-los poden ser diverses segons els interessos del curs, i segons estiguem a primària o secundària. Allò normal serà treballar ciutats sobre les quals tinguem coneixement o bé informació. Podem comentar directament les imatges assenyalant encerts i defectes. També podem mostrar els gravats deixant que els alumnes reconeguin, a partir d'una llista, quina és cadascuna de les ciutats representades (Mataró, Manresa i Girona, etc. ciutats grans en aquell període).

I a més a més...

Per enriquir la visualització d'aquests gravats de ciutats els podem comparar o contrastar amb cartografia del moment. Podem utilitzar les series de plànols que en aquest mateix període va fer el mateix Chevalier de Beaulieu.

Recursos

- Trobareu els gravats i plànols de Sébastien de Pontault, Chevalier de Beaulieu a l'Institut Cartogràfic i Geològic de Catalunya (cartoteca digital). Únicament haureu de situar en el cercador les paraules clau (*autor, lloc* o *any*).
  <http://cartotecadigital.icc.cat/cdm/search/collection/atles/searchterm/RL.9721/order/dins>.
  <http://cartotecadigital.icc.cat/cdm/search/collection/vistes/searchterm/Beaulieu/order/nosort>.

21. Ports de la Catalunya moderna

P S

Interès educatiu

Si bé Gènova, Venècia i Mallorca, per la seva condició de ports mediterranis, foren el bressol de la cartografia medieval marítima a l'edat moderna, el país que va centralitzar aquesta activitat va ser França. Els reis francesos també van voler tenir un coneixement geoestratègic exhaustiu de les costes i dels principals ports fortificats europeus. Lluís XIV, que aspirava al domini del món, considerava que aquesta informació era important i a tal fi va fer els encàrrecs cartogràfics oportuns. Entre els cartògrafs que es van ocupar de documentar els ports fortificats va destacar Sébastien de Pontault, Chevalier de Beaulieu.

Bona part de les operacions militars que van afectar Catalunya durant el segle XVI i el XVIII van tenir com a objecte i subjecte el control dels ports. En aquest sentit el reconeixement de la vessant marítima de Catalunya a l'edat moderna esdevé una opció interessant des del punt de vista didàctic.

Palamós i el seu port en un gravat de finals del XVII

Activitat

Podem procedir en primer lloc a establir quins eren els principals ports catalans de la segona meitat del segle XVII: Cadaqués, Roses, Palamós, Barcelona, Tarragona i, tot seguit, podem procedir a localitzar la iconografia i cartografia sobre aquests ports. Beaulieu subministra, en molts casos, ambdues variables. Obviant Barcelona, singular per la seva complexitat, ens podem centrar en Cadaqués/Cap de Creus, Roses i Tarragona. Analitzarem les imatges i establirem correlacions amb el present amb més o menys profunditat segons estiguem a primària o secundària.

I a més a més...

La cartografia sobre els setges que durant el segle XVII van patir ciutats portuàries com Palamós, Tarragona o Barcelona és abundosa i es pot localitzar fàcilment a partir de la cartoteca digital de l'ICGC. Això implica que de cadascun dels ports catalans podem trobar plànols i vistes que ens poden ajudar a definir una imatge fiable. Si decidim fer una sortida per aproximar els ports fortificats moderns, una bona opció serà visitar la Ciutadella de Roses.

Si volem incidir en la dimensió portuària fortificada de Barcelona podem seguir els exemples cartogràfics prenent com a referència de base la perspectiva que va elaborar Wyngaerde al segle XVI. També pot resultar interessant visitar les Drassanes de Barcelona.

Recursos

- Trobareu els gravats i plànols de Sébastien de Pontault, Chevalier de Beaulieu, a l'Institut Cartogràfic i Geològic de Catalunya (cartoteca digital). Únicament haureu de situar en el cercador les paraules clau (*autor, lloc* o *any*).
  <http://cartotecadigital.icc.cat/cdm/search/collection/atles/searchterm/RL.9721/order/dins>.
  <http://cartotecadigital.icc.cat/cdm/search/collection/vistes/searchterm/Beaulieu/order/nosort>.
- El gravat de Wyngaerde el podeu consultar a:
  <http://upload.wikimedia.org/wikipedia/commons/7/72/Barcelona_el_1563,_Anthonis_van_den_Wyngaerde.jpg>.

22. Un cordó de setge

S

Interès educatiu

A final de juliol de 1713 un exèrcit de 20.000 soldats, comandats pel duc de Pòpuli, va iniciar el setge de Barcelona establint un gran cordó de trinxeres i fortificacions de campanya que aïllaven la ciutat. Pòpuli esperava que el sol fet d'acordonar la ciutat amb un exèrcit poderós faria desistir els defensors de la capital catalana. Ans al contrari; l'exèrcit català va defensar la ciutat durant més d'un any. Existeixen plànols del cordó de setge que són interessants per conèixer la potència de les forces atacants, així com la geografia del pla de Barcelona.

El plànol del cordó de setge de Barcelona que es conserva a l'Arxiu de Simancas documenta de manera extraordinària la disposició de les tropes assetjadores i la geografia del pla de Barcelona.

Fragment d'un plànol del cordó de setge de 1713-1714

Activitat

La localització del plànol a bona resolució a partir de l'Arxiu de Simancas és senzilla (vegeu recursos). Podem treballar el plànol a partir d'impressions DIN A3 o el podem treballar en pantalla o a partir de projecció. Igualment resulta senzill obtenir fotoplànols o plànols del conjunt del pla de Barcelona (Google Maps o una cosa similar). Una primera activitat d'interès consisteix a comparar el plànol del segle XVIII amb el fotoplànol o plànol actual. Caldrà que els alumnes identifiquin en quin espai actual estaven ubicades les muralles de Barcelona. Si consultem el Google Earth en la possibilitat 3D podrem navegar sobre el casc antic i això ens permetrà intuir les dimensions de la ciutat del segle XVIII. En un segon moment, i un cop ubicada la ciutat del segle XVIII es pot demanar que mirin de delimitar per quina zona, de la ciutat actual, s'estenia el cordó de setge de 1713-1714. Per ferho tindrem en compte els referents toponímics dels pobles del pla (Sant Martí, Sants, les Corts, Gràcia...), que es vertebraven a partir de les esglésies parroquials. Posteriorment intentarem ubicar al plànol actual la localització que el mapa del cordó de setge ens dóna per a algunes de les unitats de l'exèrcit borbònic.

I a més a més...

Podem reflexionar sobre les raons que expliquen la distància existent entre el cordó de setge i les muralles de Barcelona (la distància dels projectils dels canons), les necessitats que podria tenir un exèrcit de 20.000 persones pel que fa a les provisions, la distribució entre forces de cavalleria, infanteria i artilleria o la localització dels parcs d'artilleria i municions.

Recursos

- *Plànol de Simancas.*
  <http://guerradesuccessio.cat/cartografia/bcn1714/plan_camp.jpg>.
- *Visualització del recurs.*
  <http://guerradesuccessio.cat/cartografia/bcn1714/cordo_setge.jpg>.

23. Plànol de Barcelona

S

Interès educatiu

La ciutat de Barcelona era la capital històrica de Catalunya. A principi del segle XVIII la seva població podia arribar a les 40.000 persones. A l'interior de la ciutat hi havia barris molt densificats, com el de Sant Pere i el de la Vilanova del Mar. La ciutat tenia nombrosos edificis singulars: esglésies i convents, així com hospitals. En el centre de la ciutat s'acumulaven els edificis institucionals: la catedral i palaus vinculats a l'Església, la Casa de la Ciutat, la seu del Consell de Cent i el Palau de la Generalitat. Contràriament, el Palau del Virrei estava ubicat a la vora del Portal de Mar i tenia un corredor enlairat que l'enllaçava amb l'església de Santa Maria del Mar.

Barcelona va ser protagonista en els conflictes bèl·lics del segle XVII i el segle XVIII; en aquest sentit, el coneixement de com era la ciutat és important. Altrament, una ciutat es defineix a partir dels seus espais i elements i alguns dels espais de la Barcelona de principi del segle XVIII han perviscut i són encara referents urbans. Així doncs, reconèixer els elements i les morfologies del passat que formen part del nostre present esdevé important des d'un punt de vista educatiu.

Plànol de la Barcelona de principis segle XVIII (Sanpere i Miquel)

Activitat

Proposem localitzar espais i elements singulars de la ciutat del segle XVIII i entendre globalment els principals trets de l'urbs. Proposem utilitzar a l'ensems planimetria del segle XVIII i actual per tal de localitzar i comparar. El plànol del XVIII més adequat és el que en el seu dia va reelaborar Salvador Sanpere i Miquel, i per a la ciutat actual podem utilitzar directament Google Maps o Google Earth, així com l'aplicació Street View. Damunt del mapa del segle XVIII proposem que es localitzin el punts següents: Catedral, Casa de la Ciutat, Palau de la Generalitat, Palau Reial, Santa Maria del Mar, muralla de la Rambla, Hospital de la Santa Creu, monestir de Sant Pere de Puel·les, convent de Sant Agustí, el Born, les Drassanes, castell de Montjuïc, llanterna del port, Fossar de les Moreres, convent de Santa Caterina, baluard de Santa Clara, baluard de Llevant, baluard de Portal Nou, baluard de Sant Pere, baluard de Jonqueres... Localitzarem en paral·lel els diferents llocs en el plànol del XVIII o en l'actual, i a partir de l'Street View verificarem les característiques actuals de la zona o edifici.

I a més a més...

Aquesta aproximació a la Barcelona del XVIII també es pot fer de manera directa a partir d'una sortida que ens aproximi als principals escenaris de la Guerra de Successió. Algunes institucions com ara el Centre Cultural del Born o el Museu d'Història de Catalunya ofereixen visites guiades per tal de conèixer l'entorn urbà de principi del XVIII. Aquesta mateixa proposta de descoberta de la Barcelona del segle XVIII seria també reaplicable a diferents ciutats catalanes: Lleida, Girona, Tarragona, Tortosa, etc.

Recursos

- La web del Tricentenari presenta una proposta de rutes. També incorpora informació sobre la geografia de la ciutat i el conflicte, i un apartat sobre l'arqueologia del segle (a partir del Servei d'Arqueologia de la Ciutat). <http://tricentenari.bcn.cat/ca/programa/rutes-1714>. <http://tricentenari.bcn.cat/ca/apartat-historic>.
- El plànol de Sanpere i Miquel i les comparacions entre planimetria del XVIII i actual els podeu localitzar a: <http://cartaarqueologica.bcn.cat/monografics/1714/>.
- *Plànols de la Barcelona del XVIII.* Es poden localitzar en xarxa a partir dels webs d'institucions com ara l'Institut Cartogràfic i Geològic de Catalunya, la Biblioteca de Catalunya, l'Arxiu de Simancas o de Gallica-BNF.
- Si s'opta per una sortida a la Barcelona del XVIII l'activitat es pot complementar amb una visita al Born Centre Cultural, i observar atentament l'audiovisual de l'exposició temporal on s'explica el setge de la ciutat durant el 1714. De la mateixa manera, podeu visualitzar la maqueta de la ciutat de Barcelona ubicada a l'exposició fixa del mateix centre.

24. Barcelona. Cartografia d'un setge

P S

Interès educatiu

El coneixement del setge de Barcelona requereix la consulta de cartografia específica. Al llarg de la Guerra de Successió es van generar una gran quantitat de mapes i plànols, especialment dels llocs amb interès militar. Molts mapes estan disponibles en format digital en repositoris oberts, com és el cas de l'Arxiu General de Simancas, el portal Gallica de la Bibliothèque Nationale de France, l'Institut Cartogràfic i Geològic de Catalunya, la Biblioteca de Catalunya i el repositori Memòria Digital de Catalunya. Aplegar-ne uns quants sobre el setge per bastir una col·lecció ja és de per si una activitat molt interessant. L'ús de mapes antics permet als infants i adolescents aprendre a situar-se a l'espai mitjançant estratègies d'orientació diverses, alhora que possibilita la identificació de canvis i continuïtats en l'espai urbà i geogràfic al llarg del temps.

Activitat

Les propostes que plantegem tracten d'analitzar alguns dels plànols del setge de Barcelona, vincular-los amb els elements del present i documentar l'estat actual dels espais propis del setge mitjançant la fotografia geolocalitzada. Caldrà, en primer lloc, triar un dels plànols del setge de Barcelona de 1714 (els disponibles a l'ICGC o Gallica-BNF són prou bons). Els plànols els poden

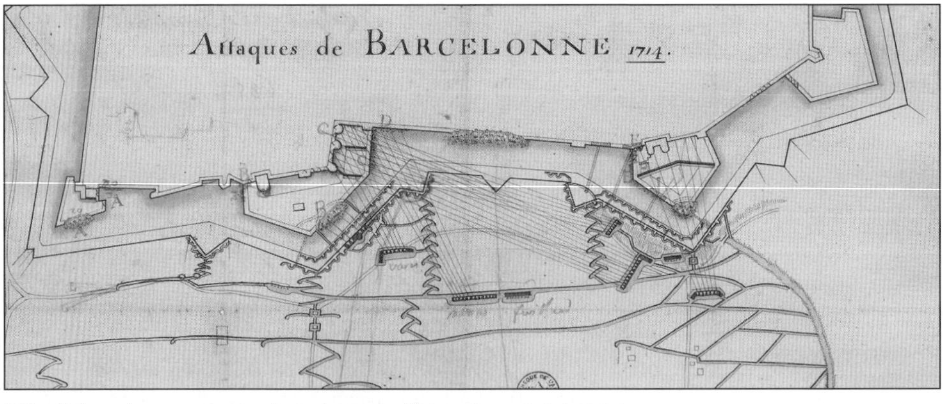

Plànol francès que mostra les trinxeres d'atac l'agost del 1714

escollir els docents o bé se'n pot fer una tria col·laborativa amb els alumnes. La tasca de localitzar-los a partir dels repositoris digitals ja és de per si apassionant. Un cop triat el plànol o plànols, es proposa d'analitzar-lo a l'aula mitjançant el treball col·laboratiu.

Acabada aquesta primera fase podem ampliar l'activitat amb una sortida de camp. Dividirem l'alumnat en equips, amb una càmera fotogràfica, els plànols antics i actual de la ciutat de Barcelona i (si és possible) un GPS. Cadascun dels equips s'encarregarà de rastrejar una zona de la ciutat implicada directament en el setge i la zona d'assalt, és a dir, l'entorn de la Ciutadella, el passeig Lluís Companys, el carrer Comerç, l'estació de Vilanova, etc. Hauran de buscar els llocs on hi havia estructures: fossats, bateries, baluards, bretxes..., fer una fotografia de l'espai actual i marcar el lloc amb el GPS. Un cop fet el treball de camp, es poden penjar les imatges geolocalitzades en alguna plataforma destinada a aquest ús (per exemple, Panoramio o Geotag). D'aquesta manera es pot crear un mapa fotogràfic dels espais del setge de Barcelona de 1714 en el seu estat actual. Plataformes com la que s'ha esmentat permeten visualitzar les fotografies en el lloc on s'hagin localitzat en altres aplicacions, com pot ser Google Maps.

I a més a més...

La proposta plantejada es pot treballar amb eines TIC o bé amb paper. El treball mitjançant les TIC permetria incorporar dades complementàries, aprofundir en la visualització i detectar detalls.

Cal destacar que el Servei d'Arqueologia de la Ciutat de Barcelona té un magnífic web centrat en el setge de 1713-1714 que subministra una informació important sobre la localització de la ciutat del segle XVIII respecte de la ciutat actual.

Recursos

- *1714. Arqueologia d'un setge.* <http://cartaarqueologica.bcn.cat/monografics/1714/>.
- *Catálogo Colectivo de Colecciones de Mapas, Planos y Dibujos de los Archivos Estatales.* <www.mcu.es/ccbae/es/mapas/principal.cmd>.
- *Gallica – Bibliothèque Nationale de France* <http://gallica.bnf.fr>.
- *Institut Cartogràfic i Geològic de Catalunya.* <http://cartotecadigital.icc.cat/cdm/1714>.
- *Memòria Digital de Catalunya. Fons de la Guerra de Successió.* <http://mdc.cbuc.cat/cdm/search/collection/guerrasucce>.
- *Museu Virtual de la Guerra de Successió.* <www.guerradesuccessio.cat>.

25. La planificació d'una ciutadella

P S

Interès educatiu

La derrota de l'11 de setembre de 1714 va comportar l'ocupació de Catalunya. Des d'un punt de vista militar les noves autoritats es van apressar a prendre mesures per garantir la submissió i el control del país. A tal fi es va procedir a instal·lar al Principat un poderós exèrcit d'ocupació i a desenvolupar una política de construcció de casernes i de punts fortificats. Per tal d'assegurar el control sobre Barcelona es va procedir a construir una gegantina ciutadella dissenyada per l'enginyer flamenc Pròsper Verboom. Els treball de planificació i execució van començar de seguida i l'obra es va enllestir entre 1716 i 1725. La construcció de la fortalesa va implicar la destrucció parcial del barri de la Ribera; més de mil cases van ser enderrocades. Els mateixos propietaris van haver tirar a terra les cases sense rebre cap indemnització.

Activitat

Es proposa que es comparin plànols de la ciutat abans de la construcció de la Ciutadella i després de la construcció de la Ciutadella. En aquests plànols podrem llegir com, sense cap justificació, ni tan sols de tipus tècnic o militar, es va procedir a l'enderroc de tot un barri per tal d'encaixar una nova construcció en el flanc de la ciutat. Per tant, necessitarem plànols d'abans i de després. Aquests plànols els podrem obtenir fàcilment a partir de l'ICGC. També podem utilitzar l'extensa cartografia de l'Arxiu de Simancas, accessible a partir de la xarxa. En aquest cas podrem estudiar amb detall els diferents projectes i fases d'execució i podrem constatar com el barri de Ribera va ser destruït.

I a més a més...

El treball sobre la Ciutadella es pot complementar amb una visita directa al que havien estat els seus terrenys. Cal tenir present que es conserven alguns edificis del que havia estat el conjunt: arsenal, església i palau del governador. També podem visitar les restes arqueològiques del Born, que exhibeixen precisament restes del barri de Ribera, enderrocat per ordre militar. El treball sobre la Ciutadella també es pot perllongar en clau

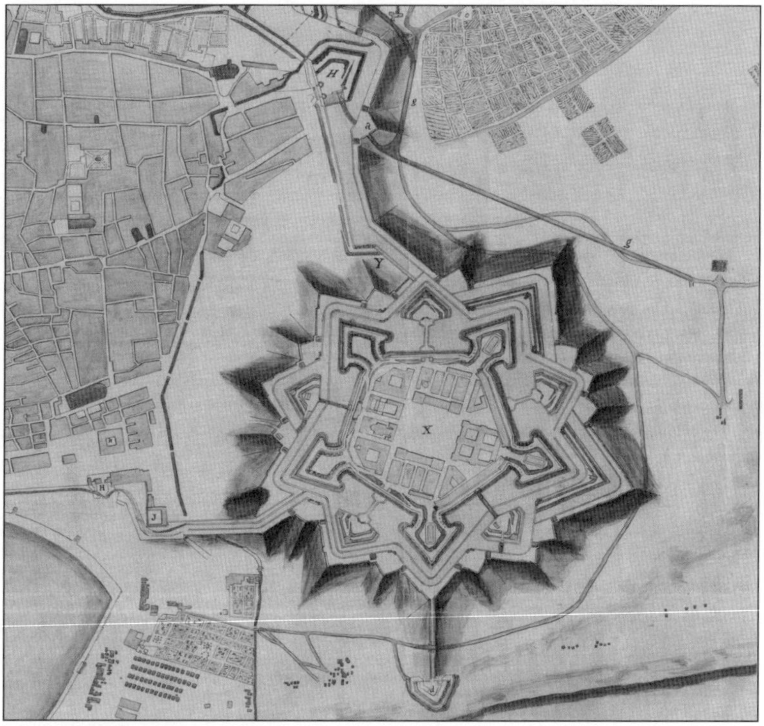

La ciutadella de Barcelona

cronològica, atès que la fortificació va tenir un important paper repressiu durant el segle XIX fins que finalment, el poble de Barcelona va aconseguir permís de Madrid (en el context de la revolució de la Gloriosa) per enderrocar la peça. Sobre els terrenys es va construir un parc i al glacis el Mercat del Born. Tot plegat presenta un suggeridor panorama diacrònic urbà susceptible d'un interessant plantejament didàctic, ja que el material cartogràfic i iconogràfic és prou rellevant.

Recursos

- *1714. Arqueologia d'un setge.* <http://cartaarqueologica.bcn.cat/monografics/1714/>.
- *Cartografia de l'Arxiu General de Simancas i altres arxius estatals (simplement cal posar «Ciudadela Barcelona» als cercadors).* <www.mcu.es/ccbae/es/mapas/principal.cmd>.

Bloc 4.
Fonts primàries: documents escrits i memòries

26. Un text manuscrit i un enterrament

S

Interès didàctic

La lectura de documents manuscrits del segle XVIII no és una cosa fàcil de plantejar a l'aula. Tanmateix, no és impossible, atès que a partir d'intents d'assaig-error i per la via deductiva podem anar construint hipòtesis sobre allò que diu un text determinat. Proposem que es llegeixi i s'interpreti un text manuscrit del segle XVIII, de la Biblioteca de Catalunya. És un text tècnic molt curt: una llista de les despeses del que va costar el tractament final d'un malalt i els costos de l'enterrament.

Bona part de la memòria de la societat passa per documents privats que ens informen sobre els més diversos aspectes de la vida quotidiana. Molts d'aquests documents estan manuscrits.

Activitat

En principi es lliura una reproducció del document als alumnes o als grups d'alumnes. Es tracta d'una llista sintètica sobre els costos de la fase final d'una malaltia i de l'enterrament del malalt, que no va poder sobreviure. En primer lloc els alumnes hauran d'anar desxifrant què és el que diu el document. En alguns paràgrafs la lectura és clara; en d'altres costa d'entendre què és el que posa. En segon lloc i quan el document hagi estat íntegrament transcrit, passarem a intentar saber a què es refereix, i a partir del que es diu farem un informe que indiqui possibles malalties de la persona afectada, causa de la mort i els rituals a què va ser sotmès el difunt (hi ha pagaments a cirurgians, un compte alt de medicines, lloguer d'una casa, d'un matalàs...). Finalment, també es reflexionarà sobre el cost de la mort tenint en

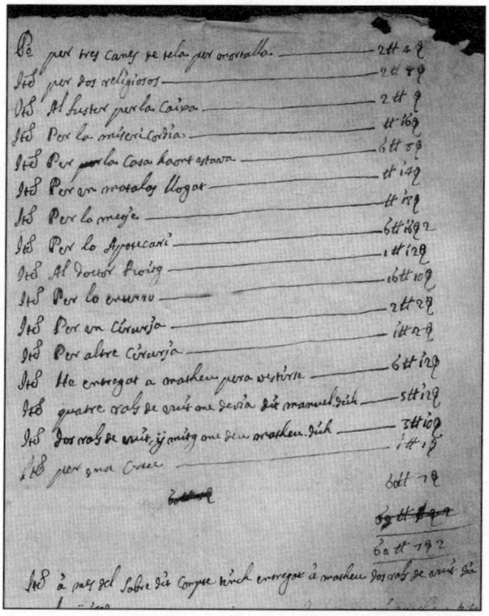

Pº per tres canes de tela per mortalla
Itt per dos religiosos
Itt Al fuster per la Caixa
Itt Per la misericordia
Itt Per la Casa hont estava
Itt Per un matalas llogat
Itt Per lo metge
Itt Per lo Apotecari
Itt Al doctor Roig
Itt Per lo enterro
Itt Per un Cirurgia
Itt Per altre Cirurgia
Itt He entregat a matheu pera vestirlo
Itt quatre rals de vuit que devia dit manuel dich
Itt dos rals de vuit, y mitg que deu matheu dich
Itt per una Creu
Itt à part del sobre dit Compte tinch entregat à matheu dos rals de vuit ...

Despeses d'un enterrament del 1709

compte que a principi del segle XVIII el sou d'un treballador especialitzat era d'aproximadament unes 8 lliures per setmana, i el sou d'un mestre de taller pujava a unes 12 lliures. Cal tenir present que una lliura tenia 20 sous i que un sou tenia 12 diners. Un ral de vuit equivalia a una lliura i 8 sous.

I a més a més...

A la xarxa i a partir de la documentació d'arxius i biblioteques es pot trobar una gran quantitat de documents manuscrits. El docent pot triar el tipus de documents que més li interessin en funció d'allò que s'estigui treballant. En qualsevol cas cal destacar que tot allò referent a testaments i inventaris *post mortem* resulta especialment rellevant atès que subministra informació cabdal per entendre aspectes relacionats amb la vida quotidiana.

Recursos

- *Relació de despeses d'un enterrament (text manuscrit) (1709).* <www.bnc.cat/Exposicions/La-vida-quotidiana-a-Catalunya-al-voltant-de-1714/Continguts-de-l-exposicio>.

Transcripció del text:

Per tres canes de tela per mortalla	2 lliures 4 sous
Per dos religiosos	2 lliures 8 sous
Al fuster per la caixa	2 lliures
Per la misericòrdia	16 sous
Per la casa ha ont estava	6 lliures 8 sous
Per un matalàs llogat	14 sous
Per lo metje	18 sous
Per lo apotecari	6 lliures 16 sous 2 diners
Al doctor Roig	1 lliura 12 sous
Per lo enterro	16 lliures 10 sous
Per lo cirurja	2 lliures 2 sous
Per altre cirurja	1 lliura 4 sous
He entregat al moshen per a vestirse	6 lliures 12 sous
Quatre rals de vuit me devia dit manuel. Dich	5 lliures 12 sous
Dos rals de viit, y mig me deu moshen i	3 lliures 10 sous
Per una creu	1 lliura 2 sous

A mes del sobre dit compte dich entregar a moshen dos rals de vuit dia 18 de juny 1708

A mes del sobre dit compte he entregat a moshen tres rals de vuit.

27. Codis secrets

S

Interès educatiu

Durant la guerra les forces catalanes de Barcelona i de l'exterior de la ciutat estaven en contacte i calien homes i dones disposats a passar cartes esquivant les tropes borbòniques. Ara bé, les missives podien ser interceptades, i per això es va fer necessari codificar-les. Un codi és un conjunt de símbols, lletres, paraules o senyals que serveixen per amagar o emmagatzemar informació i que formen part d'un sistema secret de comunicació. Normalment cada lletra o paraula es canvia per un altre símbol.

Per als alumnes els codis secrets tenen un gran atractiu, perquè es tracta de desxifrar i també de conèixer sistemes per amagar informació.

Activitat

Podem mostrar una de les cartes xifrades que es conserven del marquès de Poal. La carta està escrita en nombres i signes; els nombres equivalen a una lletra i els signes a un personatge. Per tal d'arribar a aquesta conclusió analitzarem una rèplica d'una carta. Intentarem saber quelcom de la carta escrita per Poal cap al final de la contesa atès que tenim la data i, en el mateix document, la transcripció que van fer les autoritats de Barcelona col·locant les lletres corresponents al damunt dels nombres.

I a més a més...

Es pot fabricar una roda criptogràfica tallant dues circumferències de cartró de dues mides diferents. Hi farem un forat al mig i hi posarem un enquadernador rodó perquè quedin ben subjectades. A continuació, dibuixarem, com si es tractés d'una roda de bicicleta, tants radis com símbols vulguem codificar. Al cèrcol gran posarem les lletres i al cèrcol petit els símbols secrets pels quals canviarem els primers a l'hora de codificar el nostre missatge. Una altra activitat pot ser la d'escriure un missatge secret amb suc de llimona. Només podrem llegir el missatge si l'acostem a la flama d'una espelma.

Recursos

- *Carta de codi xifrat.* <http://commons.wikimedia.org/wiki/File:Sitio-barcelona-1714-carta-codigo-cifrado.jpg>.

28. Els notaris i els inventaris *post mortem*

P S

Interès educatiu

El notari era una persona que garantia que qualsevol transacció de compravenda important s'ajustés a la normativa i la llei, i en donava fe. Ell redactava els documents i quan signava les condicions que ell certificava eren les que tenien validesa i les que servien, arribat el cas, davant la justícia. També testificava testaments, feia acords de reunions, realitzava inventaris, creava empreses, acordava préstecs, venia i llogava cases, anotava pagaments d'obres, inventariava propietats, donava fe de vida... Eren, per tant, els grans reguladors de la societat del seu temps. A Barcelona hi vivien uns noranta notaris.

Els documents dels notaris ens apropen a les seves feines, i una consistia en ordenar el repartiment dels béns en cas de mort. Quan una persona creia que era necessari fer testament, s'havia de posar en contacte amb un notari i explicar-li els seus desitjos, i el notari, a part de prendre nota de tot, havia de visitar i inventariar cadascuna de les propietats que s'especificaven. La raó és que havia de donar fe que totes les propietats, objectes i diners especificats existien realment. L'inventari més important era el *post mortem*, quan el notari certificava quins objectes, elements i propietats reals quedaven del difunt. A partir d'aquests inventaris podem saber moltes coses de la vida quotidiana de la gent: oficis, activitats, cases, objectes, mobiliari, eines...

Activitat

L'activitat es pot plantejar indistintament per a primària i secundària. Lliurem als alumnes fotografies de cases que conservin decoració i mobiliari propi del segle XVIII. Pot servir, per exemple, la cambra amb alcova de la Casa Museu de Rafael Casanova de Moià, o fotografies antigues d'interiors de masies, que es poden obtenir, a molt bona resolució, al portal de la Memòria Digital de Catalunya (estudi de masies). L'alumne haurà de buscar informació sobre el que era un notari i les diferents feines relacionades amb el seu ofici.

A continuació ens centrarem en una de les tasques més importants de les seves atribucions, la dels inventaris. Primer hauran d'investigar què significa la paraula inventari, i dur-lo a terme a partir de l'observació de tres fotografies d'estances de l'època. Els alumnes d'educació primària poden fer una llista de tot el que veuen representat i els alumnes de secundària, una descripció més acurada de l'interior de cada estança. A partir d'aquí poden parlar sobre el nivell social del propietari, explicar de quina mena d'estances es tracta i comparar els espais i els seus objectes i mobles amb els actuals.

També podem arribar una mica més enllà i representar el paper del notari fent un inventari sobre tot el que es veu a les imatges. O bé posar-nos en el paper del propietari i simular un testament per deixar els béns als membres de la família.

Les obres de teatre o petites escenificacions ajuden a entendre el passat. Així, poden representar el procés amb un alumne que faci de notari i un altre que faci de testador.

I a més a més...

Els alumnes d'educació secundària poden treballar sobre els inventaris *post mortem* –se'n poden trobar alguns a la xarxa–, o bé articles que en facin referència.

Recursos

- Albert García Espuche va estudiar nombrosos inventaris *post mortem* amb relació a les persones que van viure a les cases del Born. Algunes de les informacions referides a un habitatge ens donen prou pistes com per fer-nos una idea de com eren els habitatges. El cas del Palau Boxadors del Born és prou significatiu.

GARCÍA ESPUCHE, A. (2009): *La Ciutat de Born*. Barcelona. Ajuntament de Barcelona.
– (2010): *Barcelona 1700*. Barcelona. Editorial Empúries, vol. 5.

- *Memòria Digital de Catalunya. Masies.* <http://mdc.cbuc.cat/cdm/singleitem/collection/afcecemc/id/1900/rec/2>.

29. Els adroguers i les rutes comercials

P S

Interès educatiu

Les adrogueries eren botigues d'articles refinats, útils, rars i sovint exòtics i d'un cert luxe. Els adroguers eren claus en l'economia del segle XVII i principi del XVIII. Es dedicaven al camp dels preparats químics, la farmàcia, productes exòtics i confitura. Entre altres mercaderies, comercialitzaven pintures pegues, gomes, cafè, te, tabac, sucre i també espècies i torrons, i sovint tenien conflictes amb els confiters i els apotecaris.

Activitat

Proporcionem als alumnes una llista de productes documentats en una adrogueria de Barcelona i un mapamundi. Si pot ser els donarem el dibuix d'una adrogueria, a partir del qual explicarem quins productes es venien,

Born de Barcelona. Casa dels adroguers Duran

com estaven emmagatzemats, quins artefactes es feien servir per transformar els productes i fabricar els perfums, els ungüents, les cremes... Una vegada que ja tenim clara la funció de les adrogueries podem fer un inventari dels productes que es venien i la procedència a partir de la llista d'un llibre de registre. Els alumnes d'educació primària poden treballar uns quants productes, buscar-ne informació sinó els coneixen i situar al mapa el lloc de procedència. Els alumnes de secundària investigaran tots els productes de la llista, els situaran en el mapa i explicaran com farien servir cadascun dels productes; si s'havien de manipular per fabricar un nou producte o si es venien tal com arribaven. També podran investigar quines rutes comercials seguien aquests productes fins a arribar als ports catalans. I, a partir d'aquí, s'analitzarà quins continents i quins països comercialitzaven amb Catalunya durant el segle XVIII.

Tant els alumnes de primària com els de secundària poden escriure un conte o un article de diari on s'expliqui el funcionament d'una adrogueria.

I a més a més...

Es poden analitzar el diferents tipus de productes de les adrogueries i agrupar-los segons la procedència, la funció, les propietats... També es pot buscar alguna recepta, fer una llista amb els ingredients i portar-la a terme. Es pot fabricar un ungüent, una medicina, una crema, un cosmètic, un sabó...

Si disposem de prou temps i recursos podem organitzar una rèplica d'adrogueria; ens caldrà disposar de potets de vidre i dins de cadascun posarem un producte (sabó, sucre, te, tabac, etc.). Cada alumne s'encarregarà de preparar un pot i el dia que s'aportin simularem una sessió de venda en la qual els alumnes hauran d'endevinar què hi ha dins de cada pot i quina és la procedència del producte.

Recursos

- *Dibuix d'una adrogueria.*
  <http://asp-es.secure-zone.net/v2/index.jsp?id=6493/10232/22526&lng=ca>.

AADD (2010): *Drogues, dolços i tabac.* Barcelona 1700. Barcelona. Ajuntament de Barcelona, vol. 5.

30. Llibres de medicina i cirurgia S

Interès educatiu

A principi del segle XVIII la medicina tenia un desenvolupament molt limitat; amb prou feina havia avançat quant a tècniques, remeis i coneixements. Contràriament a la cirurgia, exercida inicialment pels barbers, que, gràcies a l'experiència empírica, va progressar de manera notable. Després de la Guerra de Successió els estudis de medecina a Catalunya es van focalitzar a la nova Universitat de Cervera. Al seu torn l'exèrcit va crear l'Acadèmia de Cirurgia, que es va instal·lar i construir a tocar de l'Hospital de la Santa Creu de Barcelona, el principal hospital de la ciutat.

Podem aproximar la problemàtica de la cirurgia i la medicina del segle XVIII a partir del ric fons de materials de l'Hospital de la Santa Creu que conserva la Biblioteca de Catalunya. Hi ha manuscrits de receptes, llibres de comptabilitat i llibres d'ingressos, que permeten fer-se una idea de la problemàtica sanitària de la ciutat. Tanmateix i per al període que ens ocupa, a Google Llibres podem trobar nombroses obres de medicina general i de cirurgia que ens informen de manera molt directa sobre les malalties i els remeis que es feien servir per combatre-les.

436

TARIFFA,
EO NOV REDRES, EN LOS
PREVS DE LAS MEDICINES, TANT
ſimples, com Compoſtes ſegons los antich,
y modern.
FETA PER LOS CONSOLS, Y COL-
legi de Apothecaris de Barcelona.

EN BARCELONA.
En la Eſtampa de Anton, y Baltezar Ferrer.

Llibre amb llistat de preus de medecines de l'Hospital de la Santa Creu de Barcelona

Activitat

L'objectiu de l'activitat és aproximar-nos, a partir de la consulta de llibres i manuscrits, al desenvolupament de la medecina i la cirurgia durant el segle XVIII. En primer lloc, procedirem a detectar els preconceptes a l'entorn del moment en què es van aconseguir algunes de les grans conquestes en el camp de la salut. Després proposarem investigar com es tractava una determinada malaltia o com es plantejava una intervenció quirúrgica a principi del segle XVIII (febres, vòmits, mareigs, cataractes, fractures...). Seleccionarem a partir de Google Llibres algunes obres generals i en proposarem les consultes oportunes. El treball, individual o per grups, pot donar peu a un debat sobre l'estat de la medecina al XVIII i les grans conquestes assolides de llavors ençà.

I a més a més...

La temàtica pot menar a una aproximació a la medicina tradicional i popular a Catalunya tot recuperant a partir de la tradició oral receptes i remeis casolans per fer front a determinades malures. En aquest sentit, podem proposar als alumnes que demanin als grans de la família si tenen alguna informació sobre com s'havien tractat tradicionalment mals, ferides, trencades, etc.

Recursos

- *Llibre de receptes medicinals. Biblioteca de Catalunya (text manuscrit).* <www.bnc.cat/Exposicions/La-vida-quotidiana-a-Catalunya-al-voltant-de-1714/Continguts-de-l-exposicio>.
- *Llibres accessibles a partir de Google Llibres:*

CARRIÓ, C. (1745): *Bibliotheca manual médico-práctica.* Barcelona. Pablo Campins Impressor.

SWIETEN G. VAN (1767): *Descripcion compendiosa de las enfermedades que reynan lo mas comunmente en los exercitos.* Madrid. Andrés Ortega.

DUBE, P. (1767): *El médico y cirujano de los pobres.* Madrid. Gabreil Ramírez.

VIDOS Y MIRÓ, J. DE (1691): *Primera parte de medicina y cirugía racional y espagírica.* Saragossa. Gaspar Tomás Martínez.

31. Un país constitucional

S

Interès educatiu

Les Constitucions Catalanes eren les lleis, acords i mesures que van garantir durant segles les llibertats dels catalans i la gestió política, econòmica i legislativa del territori català. Les Constitucions eren el resultat de la celebració de les Corts, sistematitzades per Jaume I. Les Corts eren convocades pel comte-rei i hi participaven els tres braços que representaven part de la societat: el religiós, el noble o militar, i el reial, que agrupava gent de viles i ciutats. Es tractava d'un sistema representatiu, però no democràtic, atès que les dones no hi tenien drets, i els pagesos, la majoria de la població, no en tenien representació directa, així com tampoc els esclaus.

Activitat

Podem començar l'activitat amb la recerca al Google de les paraules «portades constitucions catalanes» o «constitucions catalanes». Trobareu diferents portades, que podeu repartir en grups a l'aula. Les que apareixen amb més freqüència són les de les dues darreres constitucions, la de Felip IV i la de Carles III, però també de Felip II, Carles I, Ferran II...

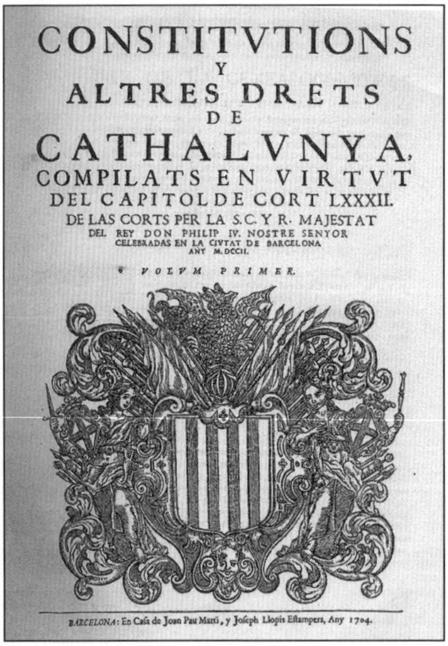
CONSTITVTIONS
Y
ALTRES DRETS
DE
CATHALVNYA,
COMPILATS EN VIRTVT
DEL CAPITOL DE CORT LXXXII.
DE LAS CORTS PER LA S.C.Y R. MAJESTAT
DEL REY DON PHILIP IV. NOSTRE SENYOR
CELEBRADAS EN LA CIVTAT DE BARCELONA
ANY M.DCCII.
VOLVM PRIMER.
BARCELONA: En Casa de Joan Pau Martí, y Joseph Llopis Estampers, Any 1704.

Constitucions corresponents a les Corts de 1702

Emfasitzarem la diferència existent entre constitucions (llei proposada pel rei que cal que els braços aprovin), capítols de cort (llei proposada pels braços i que cal que el rei aprovi), actes de cort (acord pactat pels braços). És important fer veure als alumnes que totes les Constitucions estan escrites en català i també fer-los buscar els símbols de representació, del rei com a comte de Barcelona o bé de la Generalitat. Les portades de les Constitucions localitzades es poden imprimir, analitzar, i col·locar en una línia del temps per visualitzar freqüències i anys. Per ampliar aquesta informació, es pot buscar a la Viquipèdia l'entrada «Llista de Corts generals catalanes» per trobar totes les Corts celebrades, amb l'any i el nom del comte-rei que les va convocar. A partir d'aquesta llista de Corts, podem ampliar la línia del temps i associar cadascuna de les Corts amb la imatge del comte-rei que les va convocar. Aquest exercici farà veure als alumnes que el comte que va celebrar més cops Corts va ser Pere el Cerimoniós. A la Viquipèdia, a l'entrada «Constitucions catalanes», hom pot clicar als enllaços de la versió digitalitzada d'algunes Constitucions. És molt difícil per als alumnes poder-ne llegir alguna part, però sí que pot ser molt interessant veure'n el format, la lletra i l'ús de la llengua, tot fent l'intent de llegir-ne algun fragment. També fóra bo que els alumnes poguessin llegir alguns dels drets i lleis que garantien la llibertat dels catalans; els trobareu a la Viquipèdia, a l'entrada «Constitucions Catalanes».

I a més a més...

Els alumnes de secundària, a partir de la pàgina web de «Textos jurídics catalans de la Generalitat de Catalunya», poden consultar textos molt rellevants, com ara la Junta General de Braços de 1713, que és un document gràcies al qual es pot comprendre la política pactista dels tres braços i com els acords eren sotmesos a votació.

Recursos

- *«Corts Catalanes». Viquipèdia.* <http://ca.wikipedia.org/wiki/Corts_Catalanes>.
- *«Constitucions Catalanes». Viquipèdia.*
  <http://ca.wikipedia.org/wiki/Constitucions_catalanes>.
- *La Junta General de Braços de 1713 (2008):* Barcelona. Departament de Justícia. Generalitat de Catalunya.
  <www20.gencat.cat/docs/Justicia/Documents/ARXIUS/volum29_tjc.pdf>.
- *Tricentenari BCN.*
  <http://tricentenari.bcn.cat/ca/apartat-historic/que-era-que/constitucions#corts-1701-1702>.
- *Constitucions capítols i actes de Corts, 1701-1702, 1705-1706 (2006).* Barcelona. Parlament de Catalunya, Generalitat de Catalunya.
  <www.listinet.com/apropiacion-catalunya/Cdu946-7AE4.pdf>.

32. Unes lleis avançades? S

Interès educatiu

El sistema polític de Catalunya previ a la derrota de 1714 és un antecedent dels sistemes constitucionals contemporanis. Les lleis o Constitucions Catalanes implicaven dinàmiques de participació política, limitació del poder dels monarques, de subjecció de les autoritats al dret, d'estricta reglamentació de la impartició de la justícia i de llibertats individuals.

Treballar el constitucionalisme català potencia la funcionalitat dels aprenentatges, ja que és un tema del passat que es pot comparar amb el present, i la problemàtica de drets i deures és transversal en la cronologia històrica. Treballar aquests continguts de construcció política contribueix a la formació d'una ciutadania activa, una de les finalitats de l'educació.

Activitat

El gruix de l'activitat pot consistir a mostrar diferents constitucions o capítols de Corts, fer una anàlisi i si s'escau buscar una comparació amb el present. Recomanem prendre com a referència les Corts de 1705. Tanmateix, hem de tenir present que les Constitucions són acumulatives, i se'n van fer compilacions el 1494, 1588 i 1704, i que des de temps antics els usatges i constitucions ja marcaven conquestes clares pels catalans, com ara la llibertat de residència, la inviolabilitat del domicili i la correspondència, l'*habeas corpus*, el dret a no servir l'exèrcit reial si no era per defensar la terra, el dret de no ser condemnat sense proves i, sobretot, l'obligació del poder reial de jutjar en funció d'aquestes proves, que impedia qualsevol mena d'arbitrarietat. Per tal de desenvolupar l'activitat prendrem les Constitucions de 1705 i seleccionarem algunes constitucions i capítols de Corts, les llegirem i mirarem d'interpretar-les. De les Constitucions podem parar atenció al capítol 1, que exclou a perpetuïtat els Borbó del Govern. El capítol 14 posa limitacions temporals als càrrecs reials; els limita a tres anys. El capítol 22 estableix la confidencialitat del correu. El capítol 44 conjura abusos de l'administració i fixa terminis per a l'execució de les sentències. Els capítols 72 i 76 marquen mesures contra la possible arbitrarietat dels magistrats i estableixen que les citacions s'han de fer per escrit. El capítol 84 i 88 estableixen mesures per defensar les lleis i evitar que siguin vulnerades. Pel que fa a les actes el capítol

1 conjura les arbitrarietats en les citacions per part dels poders públics. El capítol 7 garanteix que els civils no poden ser jutjats pels codis de justícia militar. El capítol 9 estableix que qualsevol requisa s'ha de pagar a preu de mercat, i igualment el capítol 26 marca que les compres obligades per part de l'exèrcit i l'administració s'han de pagar a preu just. El capítol 43 estableix mesures per impedir suborns en la justícia. El capítol 45 assegura l'assistència jurídica als pobres. El capítol 46 marca que les penes s'han de complir en presons (els poderosos no les poden complir al domicili). El capítol 49 garanteix les condicions dels detinguts. El capítol 64 protegeix la lliure acció dels responsables polítics, etc.

CONSTITVCIONS,
CAPITOLS, Y ACTES DE CORT,
FETAS, Y ATORGATS,
PER LA S. C. R. MAGESTAT
DEL REY NOSTRE SENYOR
DON CARLOS III.
REY DE CASTELLA, DE ARAGÓ,
COMTE DE BARCELONA, &c.
EN LA CORT CELEBRÀ ALS CATHALANS,
en la Ciutat de Barcelona, en la Caſa de la Deputació del General de Cathalunya, en lo any de 1706.

Per manament dels Excellentiſſims, y Fideliſſims Senyors Deputats, y Oydors de Comptes: Eſtampades,
EN BARCELONA:
En la Eſtampa de Rafel Figueró, al carrer dels Cotoners, Any 1706.

Constitucions de 1706, les darreres de Catalunya

I a més a més...

Les col·leccions de textos jurídics catalans impreses són prou extenses. En alguns casos també es poden trobar a la xarxa. Hi ha, per tant, la possibilitat de consultar constitucions de diferents èpoques.

Recursos

LÓPEZ, H. (2009): *Constitucionalisme a Catalunya. Preludi de modernitat.* Barcelona. TRIA d'Assaig.

RENYER, J.; PUJOL, E. (2007): *Pensament polític dels Països Catalans.* Barcelona. Centre d'Estudis de Temes Contemporanis/Pòrtic.

- *Constitucions de Catalunya.* (Incunable de 1495) (1988): Barcelona. Generalitat de Catalunya.
- *Constitucions capítols i actes de Corts, 1701-1702, 1705-1706* (2006): Barcelona. Parlament de Catalunya, Generalitat de Catalunya. <www.listinet.com/apropiacion-catalunya/Cdu946-7AE4.pdf>.

33. Els soldats del coronel Ferrer S

Interès educatiu

El manual d'instrucció de soldats d'infanteria del coronel Ferrer, fet el 1714, és una font textual i icònica molt interessant per aproximar les tècniques militars de principi de segle XVIII. En les guerres de final del XVII i del XVIII la infanteria va assolir un paper preponderant en els exèrcits. Era la denominada *infanteria de línia*, que combatia en rengles. Els fusells no eren gaire precisos i els soldats disparaven per línies i tots alhora per causar més baixes als contraris. A més a més, combatien drets atès que estirats a terra gairebé era impossible carregar el fusell. Tanmateix, aquesta manera de combatre exigia molta instrucció i disciplina; els soldats havien de saber fer tot un conjunts de moviments per lluitar i marxar. Per facilitar aquestes tasques van sorgir manuals d'instrucció destinats als comandaments perquè poguessin instruir els seus soldats. A Catalunya se'n van fer molts; un dels que ens ha perviscut és el manual d'instrucció de fusellers i granaders del coronel Ferrer, editat a Ciutat de Mallorca el 1714.

Activitat

La font ens dóna informació sobre dos tipus de soldats d'infanteria: fusellers i granaders. Combinant les il·lustracions originals del llibre i els textos que indiquen les diferents ordres podem correlacionar quins eren els moviments que es feien per manegar el fusell i marxar amb ell. L'objectiu principal a assolir és entendre que el moviment de tropes al segle XVIII era una cosa complicada que requeria molt d'ordre. El manual d'infanteria sumava un total de 57 posicions, que els soldats havien de conèixer a la perfecció. Així mateix, també adoptar la posició precisa en rebre l'ordre.

Les posicions més adequades per treballar a l'aula són les que mostren les figures compreses entre la 6 i la 22. De cadascuna de les posicions tenim el text corresponent, però, alerta, perquè el manual te una doble correlació: una numeració genèrica per apartats i una de detalls, que és la que es correspon directament amb les il·lustracions. Una primera explicació per part del docent sobre com es manegaven les armes del moment pot donar pas a una activitat de correlació entre la iconografia i et text que els correspon, posant en ordre correcte les unes i les altres. Si seguim els passos per

Soldats d'infanteria fent instrucció. Manual del coronel Ferrer

carregar l'arma i disparar, ja serà suficient i prou complex. També podem correlacionar les il·lustracions i les ordres que feien servir els magraners per llançar les granades.

I a més a més...

El manual del coronel Ferrer ofereix altres múltiples possibilitats de treball. Les figures són molt suggeridores les podem acolorir a l'estil dels antics soldadets de rengles. Podem fer-ne amb els diferents colors dels regiments catalans. També els podem retallar per fer dioràmes o teatrins.

Recursos

- El llibre original del coronel Ferrer es pot trobar en algunes biblioteques de Ciutat de Mallorca i de Nàpols. Tanmateix, podeu trobar una bona selecció d'ordres i la totalitat de la iconografia d'instrucció en diverses adreces de la web: <www.guerradesuccessio.cat>.
- Per a la instrucció de la infanteria, consulteu: <www.guerradesuccessio.cat/instruccio_01.html>.
- Per a la instrucció de granaders, vegeu: <www.guerradesuccessio.cat/instruccio_02.html>.
- Sobre la càrrega d'un fusell podeu consultar la sèrie fotogràfica següent: <www.guerradesuccessio.cat/vida_quotidiana_02.html>.

FERRER, F. (1714): *Exercicio practico y especulativo del fusilero, y granadero.* Ciutat de Mallorca. Imprenta del Convento de Santo Domingo.

34. Vestir els miquelets! S

Interès educatiu

Els regiments catalans de fusellers de muntanya van ser les primeres unitats d'infanteria lleugera que hi va haver a Europa. Popularment se'ls coneixia, i no sabem per quines raons, amb el nom de *miquelets*. Les unitats de miquelets van desenvolupar una tasca constant de defensa del país; aquest fet, sumat a la ferotgia, valentia i eficàcia que s'atorgava a aquestes tropes, les va fer molt populars. Durant decennis els miquelets van tenir un lloc rellevant en l'imaginari popular català.

Aquesta activitat està plantejada per primària amb l'objectiu d'introduir l'alumnat en l'anàlisi i la interpretació de fonts històriques de caràcter textual. Proposem que l'alumnat s'enfronti a aquestes fonts textuals amb l'objectiu de fer una transposició icònica. Han de ser capaços de transformar la informació que ja disposen dels textos per elaborar un document visual que sigui coherent amb tota la informació que han obtingut dels textos.

Equipament dels fusellers de muntanya, altrament dits *miquelets*

Activitat

Centrarem l'activitat a partir de la descripció que va fer dels miquelets el cronista contemporani Francesc de Castellví. El mestre pot fer la selecció de fragments que consideri a partir de: *www.guerradesuccessio.cat/sol_ miquelets.html*

Una vegada repartits els textos, cada grup treballa les fonts. Se'ls demanarà que analitzin la informació. Durant tot aquest procés, el docent demanarà als alumnes que prenguin nota d'aquelles característiques que vulguin representar en el dibuix. Així, els farà parar l'atenció en elements de l'equipament dels miquelets com la roba, els colors, el calçat... I també la imatge que desprèn aquest cos de l'exèrcit català. El docent demanarà als alumnes que elaborin el seu propi miquelet representant la roba i equipament adequats. Finalment, es farà una posada en comú amb tot el grup-classe i els demanarà que expliquin com han dissenyat el seu miquelet i per què. En aquest moment, els pot ensenyar les il·lustracions d'un dibuixant de temàtica històrica sobre aquests combatents i fer que les comparin amb les pròpies. Alternativament, també poden buscar en els dibuixos de F. Riart els elements de l'equipament dels miquelets que han identificat en el textos.

I a més a més...

Aquesta activitat es pot enriquir si el docent proposa als estudiants que dissenyin una exposició sobre els miquelets. En aquest sentit, la classe o un altre espai de l'escola es pot transformar en la sala d'exposició de les seves figures. D'aquesta manera, amb l'ajuda dels seus miquelets, haurien d'explicar qui eren i què feien aquests combatents. A més a més, els estudiants poden elaborar un plafó informatiu amb les fonts que han utilitzat per fer les seves representacions.

Recursos

DEAN, J. (2008): *Ensenyar història a primària.* Manresa. Zenobita.

HERNÀNDEZ CARDONA, F. X.; RIART JOU, F. (2007): *Els exèrcits de Catalunya 1713-1714: uniformes, equipaments i organització.* Barcelona. Rafael Dalmau, Editor.

Miquelets. (2009). *Museu Virtual de la Guerra de Successió 1702-1714.* Recuperat el 25 abril de 2014. <www.guerradesuccessio.cat/sol_miquelets.html>.

35. Discurs de Ferrer i Sitges

S

Interès educatiu

Pel juny de 1713, després dels acords d'Utrecht, els exèrcits imperials, aïllats per terra i mar, van preparar-se per abandonar Catalunya pressionats per la marina britànica. La Junta de Braços de Catalunya es va reunir a Barcelona per decidir quin havia de ser el paper de les institucions catalanes en el nou escenari. D'entrada només el braç reial va optar per la resistència, però un abrandat discurs del cavaller Manuel Ferrer i Sitges va fer que el braç militar reconsiderés la seva posició i optés per la defensa de les Constitucions. Tot plegat ho sabem gràcies a un altre personatge important, Francesc de Castellví, que ho va transcriure a la seva obra *Narraciones históricas*.

En el llarguíssim discurs Ferrer i Sitges fa esment a tot un seguit de raons per les quals creu que Catalunya ha de resistir i continuar lleial a Carles III, com a única possibilitat de mantenir la integritat territorial i institucional i el cos legislatiu del país.

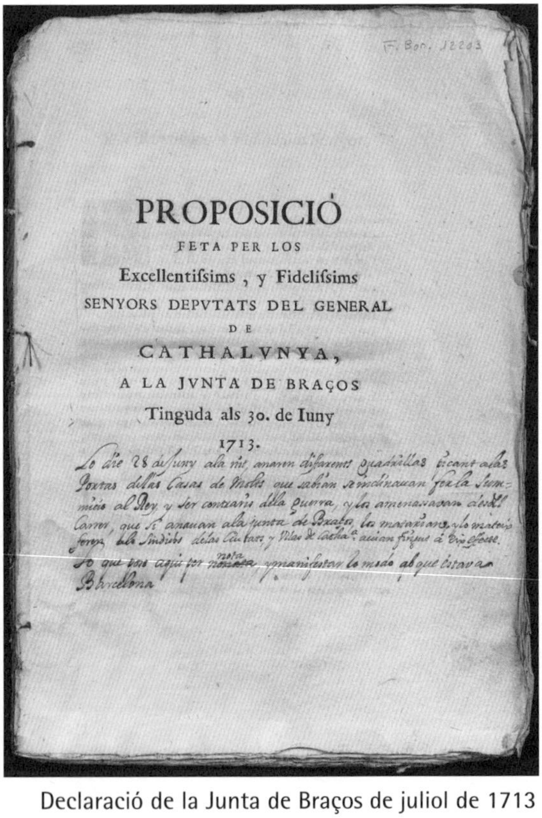
PROPOSICIÓ
FETA PER LOS
Excellentissims, y Fidelissims
SENYORS DEPVTATS DEL GENERAL
DE
CATHALVNYA,
A LA JVNTA DE BRAÇOS
Tinguda als 30. de Iuny
1713.

Declaració de la Junta de Braços de juliol de 1713

Activitat

Dividits per grups, els alumnes poden fer una recerca de les diferents raons històriques argumentades per Ferrer i Sitges a l'hora de defensar la legitimitat de les institucions catalanes, i del país, per resistir davant del model absolutista i uniformitzador borbó de Lluís XIV i Felip d'Anjou. De fet, el discurs és un llarguíssim argumentari que esgrimeix tota mena de raons. Reconèixer-les i classificar-les pot ser una activitat interessant. En qualsevol cas, el docent, segons la maduresa del curs, pot decidir quins fragments del discurs es poden treballar. Cal destacar, altrament, que la versió catalana presenta un nivell de comprensió difícil.

I a més a més...

Si es vol es pot consultar la descripció de la Junta de Braços per tal de seleccionar un determinat discurs o carta. Podem complementar l'activitat amb la visualització de part del discurs de Ferrer i Sitges ubicat a l'exposició *Donec Perficiam*, situada al Born Centre Cultural de Barcelona.

Recursos

- *Transcripció íntegra del discurs de Ferrer i Sitges.* <http://ca.wikisource.org/wiki/Discurs_de_Manuel_de_Ferrer_i_Sitges>. (6 de juliol de 1713).
- *Text del discurs transcrit per Francesc de Castellví (en castellà).* <www.11setembre1714.org/documents/1713-07-05-parlament-manuel-ferrer-sitges-frame.html>.
- *Vídeo «La guerra dels catalans».* Departament d'Ensenyament (XTEC) / Didpatri.ub (2014).
- Reunió de la Junta de Braços. <www.xtec.cat/web/centres/celebracions/2013/1714/esobatxilleratfp/guerracatalans>.
- *La Junta General de Braços de 1713* (2008): Barcelona. Departament de Justícia. Generalitat de Catalunya. <www20.gencat.cat/docs/Justicia/Documents/ARXIUS/volum29_tjc.pdf>.

36. El Ban de Guerra de 1713 PS

Interès educatiu

El 9 de juliol de 1713 es va anunciar mitjançant un pregó la decisió de la Junta de Braços de continuar la guerra. El document original en català no es conserva; no obstant això, gràcies a les *Narraciones Históricas*, de Francesc Castellví, coneixem el contingut d'aquest document. L'anàlisi del Ban de Guerra del juliol de 1713 resulta d'interès en tant que és un document important, curt i concís, que comunicava que els catalans estaven disposats a continuar la guerra en defensa de les seves lleis i Constitucions.

Activitat

Abans de començar amb la proposta didàctica cal partir d'uns coneixements previs sobre els fets polítics i socials que es donaven a Catalunya el juny de 1713, quan els tractats d'Utrecht ja estaven del tot desplegats i les tropes imperials havien abandonat Catalunya. Si partim d'aquesta base de coneixement, l'anàlisi del document «Ban de Guerra a Ultrança» els pot servir per ampliar o sintetitzar els coneixements obtinguts. En aquest context, el professor pot dirigir l'anàlisi del text formulant preguntes: Qui emet el document? Quina legitimitat s'invoca? Quines raons es donen per continuar la situació de bel·ligerància? Contra qui declaren mantenir-se en estat de guerra, i per quines raons? En quina situació es consideren els catalans respecte a l'emperador?

I a més a més...

Un cop treballat el document podem procedir a una dramatització tan complexa com es vulgui. Es pot treballar també sobre la Junta de Braços.

Recursos

- *Reproducció del document «Ban de Guerra a Ultrança».* <www.11setembre1714.org/documents/1713-07-09-ban-guerra-ultranza-frame.html>.
- *Carta del diputat de la Generalitat, Josep Vilar, que informa a les viles i ciutats de Catalunya la decisió de la Junta General de Braços de continuar la guerra (9 de juliol de 1713).* <http:/ca.wikipedia.org/wiki/Diputació_del_General_de_Catalunya>.
- *La Junta General de Braços de 1713* (2008). Barcelona. Departament de Justícia. Generalitat de Catalunya. <www20.gencat.cat/docs/Justicia/Documents/ARXIUS/volum29_tjc.pdf>.

37. Desxifrem el poema de Santa Eulàlia!

S

Interès educatiu

La poesia és un gènere literari a partir del qual les persones sempre han expressat sentiments i emocions. En aquest sentit, la indagació i interpretació de documents de l'època, com és el poema de Santa Eulàlia, pot esdevenir un recurs didàctic important per descobrir i comprendre aquells aspectes més subjectius i personals de les persones de l'època. A més, s'ha de tenir en compte que aquests tipus de poesia eren molt populars a l'època, podien memoritzar-se i podien cantar-se. L'interès didàctic rau en l'anàlisi d'un element de propaganda que se suporta en les creences religioses, molt fermes entre els catalans.

Activitat

Consisteix, en primer lloc, a fer una lectura i una anàlisi posterior del poema de Santa Eulàlia en grups o en parelles. El document es pot replicar amb facilitat a partir de projecció o reproduït en paper. L'anàlisi se centrarà en qui es considera que parla en el text. Posarem de relleu que hi ha tot un relat que explica l'èxit de la resistència, el coratge dels catalans i la prepotència dels enemics. Sovint la magnificació de la resistència buscarà paral·lelismes en els herois clàssics. El vocabulari també serà un dels aspectes a considerar atès que és molt ric i precís quant a termes militars. Cal destacar finalment que el poema

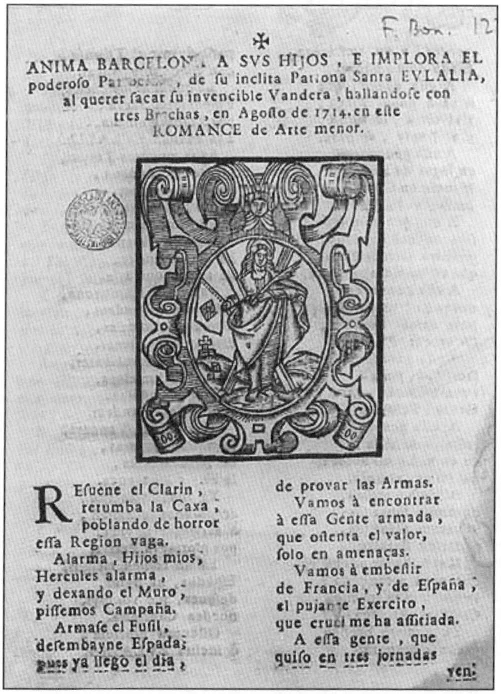

F. Bon. 12

ANIMA BARCELON[illegible] A SVS HIJOS, E IMPLORA EL poderoſo Pa[illegible], de ſu inclita Patrona Santa EVLALIA, al querer ſacar ſu invencible Vandera, hallandoſe con tres Br[illegible]chas, en Agoſto de 1714. en eſte ROMANCE de Arte menor.

REſuene el Clarin,
retumba la Caxa;
poblando de horror
eſſa Region vaga.
Alarma, Hijos mios,
Hercules alarma,
y dexando el Muro,
piſſemos Campaña.
Armaſe el Fuſil,
deſembayne Eſpada;
pues ya llegó el dia,
de provar las Armas.
Vamos à encontrar
à eſſa Gente armada,
que oſtenta el valor,
ſolo en amenaças.
Vamos à embeſtir
de Francia, y de Eſpaña,
el pujan[illegible]e Exercito,
que cru[illegible] me ha aſſitiada.
A eſſa gente, que
quiſo en tres jornadas
yen:

Poema en honor a Santa Eulàlia

és, de fet, un programa d'intencions, ja que proposa que tots els catalans es posin sota la protecció de la bandera de Santa Eulàlia i envesteixin l'enemic. Si tenim en compte que el fullet és del mes d'agost de 1714 entendrem que s'està buscant una resposta en una situació desesperada. Un altre aspecte que el docent haurà de tenir en compte és que sectors polítics de la ciutat van insistir repetidament, des del febrer de 1714, a sortir de la ciutat i atacar l'enemic amb la bandera de Santa Eulàlia. El cap dels exèrcits de Catalunya mai no va transigir pel que fa a aquesta proposta, segur com estava que hauria acabat en un desastre. Tanmateix, el poema evidencia que en els últims moments del setge una part dels defensors continuava insistint en la idea d'atacar amb la bandera de Santa Eulàlia.

I a més a més...

Hi ha incomptables fullets de propaganda vinculats al setge; alguns pertanyen a la Biblioteca de Catalunya i molts d'ells es poden localitzar per la xarxa. Alguns de caràcter pseudoreligiós, com els Goigs de Nostra Senyora de la llibertat, poden resultar especialment interessants.

Recursos

- *Poema dedicat a Santa Eulàlia.*
  <http://commons.wikimedia.org/wiki/File:A-librar-la-tierra-a-gloriar-la-patria-a-ellos-santa-eulalia-1714.jpg>.
- *Goigs de Nostra Senyora de la Llibertat.*
  <http://mdc.cbuc.cat/cdm/ref/collection/llibimps16/id/30934

38. La Coronela, versos i pintures S

Interès educatiu

La Coronela era la milícia de Barcelona, era un cos armat, però no formava part de l'exèrcit. Estava composta per gent civil dels gremis d'entre 18 i 60 anys. La seva finalitat era custodiar i defensar la ciutat. L'organització interna s'articulava a partir de batallons i companyies (que corresponien als gremis). Durant el setge de 1713-1714 va agrupar més de 4000 combatents. Estava comandada pel conseller en cap, és a dir, pel cap del govern de la ciutat. Proposem introduir la temàtica a partir de dues fonts primàries de l'època: un romanç hendecasil·làbic d'elogi a la milícia gremial i una pàgina del Llibre de passanties del gremi d'argenters que ens mostra l'uniforme i equipament d'un milicià.

Activitat

Es tracta d'analitzar les fonts primàries esmentades que son fàcils de localitzar i reproduir, L'una procedeix de la Biblioteca de Catalunya i l'altra de l'Arxiu Històric de la Ciutat de Barcelona.

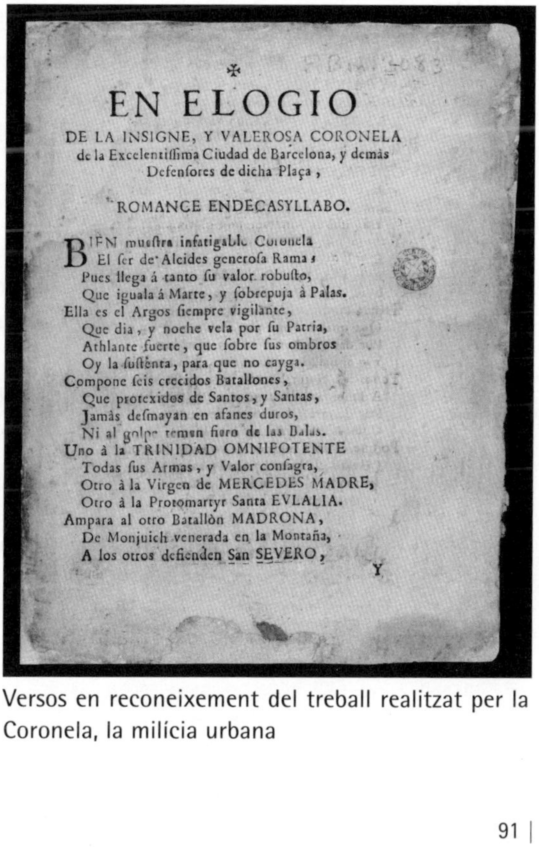

EN ELOGIO
DE LA INSIGNE, Y VALEROSA CORONELA
de la Excelentissima Ciudad de Barcelona, y demàs
Defensores de dicha Plaça,

ROMANCE ENDECASYLLABO.

BIEN muestra infatigable Coronela
El ser de Alcides generosa Rama;
Pues llega á tanto su valor robusto,
Que iguala á Marte, y sobrepuja à Palas.
Ella es el Argos siempre vigilante,
Que dia, y noche vela por su Patria,
Athlante fuerte, que sobre sus ombros
Oy la sustènta, para que no cayga.
Compone seis crecidos Batallones,
Que protexidos de Santos, y Santas,
Jamàs desmayan en afanes duros,
Ni al golpe temen fiero de las Balas.
Uno à la TRINIDAD OMNIPOTENTE
Todas sus Armas, y Valor consagra,
Otro à la Virgen de MERCEDES MADRE,
Otro à la Protomartyr Santa EVLALIA.
Ampara al otro Batallòn MADRONA,
De Monjuich venerada en la Montaña,
A los otros defienden San SEVERO,
Y

Versos en reconeixement del treball realitzat per la Coronela, la milícia urbana

Podem plantejar l'activitat en clau col·laborativa i a partir de grups. El docent decidirà si entrega les dues fonts a cada grup o bé als uns una i als altres l'altra. Els qui treballin la font escrita cal que la llegeixin, que la ubiquin i que en facin una descripció dels continguts. El romanç parla dels diferents batallons de la Coronela, de la implicació de la població civil en la defensa i el paper dels oficials, i contínuament seguint el gust del barroc es comparen les heroïcitats dels catalans amb les de personatges del món clàssic. Resultarà interessant d'argumentar qui eren els destinataris d'aquests versos i quina n'era la finalitat. Tot plegat pot menar a reflexionar sobre els fullets de propaganda, que van ser molt usuals en aquesta guerra.

Els qui treballin la font icònica, la imatge del fuseller Gaspar Ferran, hauran de situar la figura en les seves coordenades cronològiques. Hauran de descriure l'equipament i l'uniforme i valorar per què l'artesà es va fer retratar vestit de milicià. També hi ha iconografia d'un soldat de cavalleria que el 1707 era argenter, Josep Riera, i que també apareix representat al *Llibre de passanties* del gremi d'argenters.

A continuació, se'ls demanarà que cerquin més informació de la Coronela i més il·lustracions i que complementin la informació que han deduït de la font. Finalment es poden posar en comú els coneixements assolits.

I a més a més...

Aquestes fonts proposades també es podrien treballar a primària; la documental a partir d'una prèvia adaptació que en realitzi el mestre o la mestra i la iconogràfica a partir dels recursos educatius que ofereix el llenguatge visual i plàstic. Totes dues fonts poden esdevenir una bona oportunitat per introduir el concepte de la Coronela a l'aula. Hi ha la possibilitat de treballar la uniformologia més a fons veient quins colors utilitzaven les diferents companyies de la coronela.

Recursos

HERNÀNDEZ, F. X. (2012): *El setge de Barcelona.* Barcelona. Angle Editorial.

RIART, F.; HERNÁNDEZ, F. X.; RUBIO, X. (2010): *La Coronela de Barcelona.* Barcelona. Rafael Dalmau, Editor.

- *Romanç hendecasil·làbic.* <http://mdc.cbuc.cat/cdm/ref/collection/guerrasucce/id/580>.
- *Gaspar Ferran, miliciano de la Coronela de Barcelona en la compañía de los Plateros.* <http://commons.wikimedia.org/wiki/File:Coronela-Barcelona-Gaspar-Ferran-1707.jpg>.
- *La Coronela de Barcelona (1705-1714). 11 de setembre 1714.* <www.11setembre1714.org/Unitats/coronela-barcelona-frame.html>.

39. *La Gazeta*, un diari a la Barcelona assetjada

S

Interès educatiu

Els primers precedents de premsa moderna a Catalunya van ser publicacions que divulgaven fets polítics d'actualitat, sobretot de caràcter propagandístic. En el context de la Guerra de Successió a Catalunya, l'arxiduc Carles d'Àustria, pretendent a la corona hispànica, va fundar *La Gazeta de Barcelona*, el seu propi mitjà de comunicació. A partir de 1713 i amb l'inici del setge borbònic de Barcelona de 1713-1714, *La Gazeta de Barcelona* es va convertir en el diari del setge, a partir del qual es publicaven dia a dia les notícies sobre els moviments de les tropes. El primer número de *La Gazeta* és del 31 de juliol de 1713 i, el darrer, del 23 d'agost de 1714.

L'ús de la premsa en activitats relacionades amb àrees del currículum de les ciències socials, com la geografia i la història, permetrà als alumnes entendre el paper dels mitjans de comunicació, com és en aquest cas la premsa, per a la comprensió i valoració dels fets diaris que hagin pogut succeir en un espai i en un temps històric concret.

Activitat

Abans de posar-la en pràctica, però, es recomana que els alumnes parteixin d'un coneixement previ dels esdeveniments i els personatges principals que van definir la Guerra de Successió a Catalunya, com el setge de la ciutat de Barcelona per les tropes borbòniques. A partir d'aquí, es proposa en primer lloc la lectura d'un fragment de *La Gazeta de Barcelona*, publicada el 31 de juliol de 1713, que relata l'inici del setge, perquè es faci, en grups, una anàlisi i una interpretació dels principals fets històrics o protagonistes que s'hi esmenten. En aquest sentit, es poden plantejar qüestions com: Què diu la notícia? A qui o a quins fets fa referència? A on i quan se situen els fets? Com han succeït? Per què han succeït? La comprensió de la notícia no només permetrà als alumnes comprendre i contextualitzar els fets històrics descrits, sinó també tractar el concepte de *crònica* i la seva funció dins del gènere periodístic, així com conèixer les característiques principals i estructurals que la defineixen.

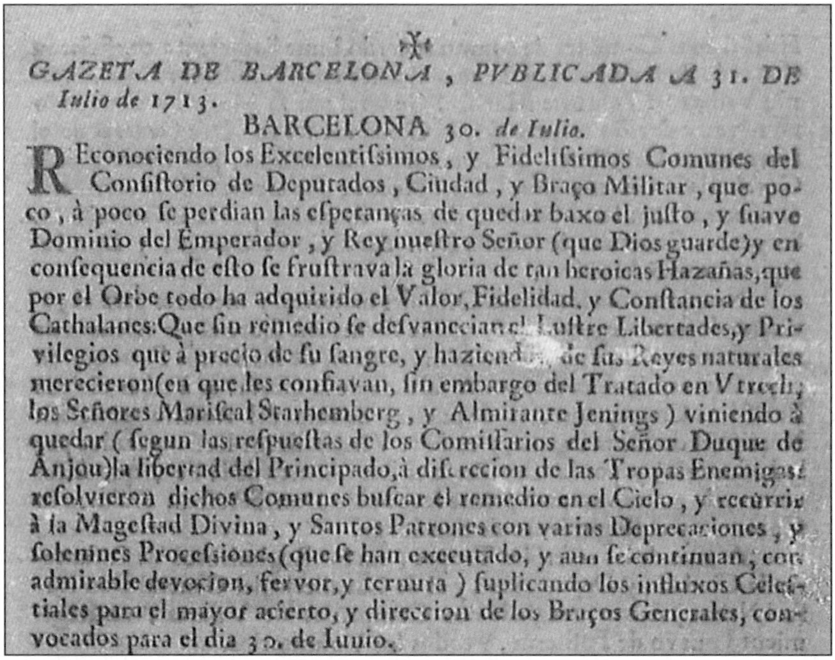

GAZETA DE BARCELONA, PVBLICADA A 31. DE Iulio de 1713.

BARCELONA 30. de Iulio.

REconociendo los Excelentiſsimos, y Fideliſsimos Comunes del Conſiſtorio de Deputados, Ciudad, y Braço Militar, que poco, à poco ſe perdian las eſperanças de quedar baxo el juſto, y ſuave Dominio del Emperador, y Rey nueſtro Señor (que Dios guarde) y en conſequencia de eſto ſe fruſtrava la gloria de tan heroicas Hazañas, que por el Orbe todo ha adquirido el Valor, Fidelidad, y Conſtancia de los Cathalanes: Que ſin remedio ſe deſvanecian el Luſtre Libertades, y Privilegios que à precio de ſu ſangre, y haziendas, de ſus Reyes naturales merecieron (en que les confiavan, ſin embargo del Tratado en Vtrech; los Señores Mariſcal Starhemberg, y Almirante Jenings) viniendo à quedar (ſegun las reſpueſtas de los Comiſſarios del Señor Duque de Anjou) la libertad del Principado, à diſcrecion de las Tropas Enemigas: reſolvieron dichos Comunes buſcar el remedio en el Cielo, y recurrir à la Mageſtad Divina, y Santos Patrones con varias Deprecaciones, y ſolemnes Proceſsiones (que ſe han executado, y aun ſe continuan, con admirable devocion, fervor, y ternura) ſuplicando los influxos Celeſtiales para el mayor acierto, y direccion de los Braços Generales, convocados para el dia 30. de Iunio.

Fragment d'un document que explica la decisió d'enarborar la bandera de Santa Eulàlia el juliol de 1713

I a més a més...

La Gazeta és una de les fonts més importants per conèixer el setge de Barcelona i les possibilitats d'explotació són molt diverses. Georeferenciar les principals accions de guerra a partir de les notícies pot ser una acció prou interessant; també podem fer una lectura comuna i comprensiva per comentar el que passa un dia determinat, o mirar de narrar algun dels episodis relatats.

Recursos

- El facsímil es pot consultar a partir de:
  <www.guerradesuccessio.cat/images/documents/gazeta_barcelona.pdf>.
- Una bona transcripció la trobareu a:
  <www.11setembre1714.org/documents/1713-07-30-gazeta-barcelona-1713-frame.html>.
- L'edició en paper:
  ALCOBERRO, A; CAMPRUBÍ, X. (2009): *Diario del sitio y defensa de Barcelona. El setge de Barcelona 1713-1714.* València. Biblioteca d'Estudis i Investigacions.

40. Rafael Casanova, en combat P S

Interès educatiu

Rafael Casanova va ser, durant el 1714, el conseller en cap de Barcelona que va substituir Emmanuel Flix, que ho va ser durant el 1713. El conseller en cap era el primer dels sis magistrats o consellers que governaven la ciutat de Barcelona. Casanova va escriure una carta, transcrita per Francesc de Castellví, on explica com va viure ell el contraatac contra les tropes borbòniques. La carta és una font primària que permet a l'alumnat, tant de primària com de secundària, desenvolupar la comprensió lectora, vinculant-la a la situació en l'espai de diferents elements urbans (alguns dels quals ja no existeixen) i situant-lo en el context concret de 1714. Alhora, la narració en primera persona ajuda a treballar l'empatia històrica i conèixer la visió d'un dels testimonis més importants del moment històric.

Activitat

A partir del fragment de carta de Casanova sobre la seva participació en la batalla de l'11 de setembre, recollida per Francesc de Castellví, proposem una activitat de recerca, comentari de text i empatia històrica. Es tracta d'una activitat apta per a cicle mitjà i superior d'educació primària, i també per a educació secundària.

En primer lloc, caldrà que l'alumnat llegeixi la carta de Casanova; en funció de l'edat dels participants, caldrà valorar l'adaptació lingüística de la carta per a facilitar-los la comprensió del text. A continuació, podem realitzar una pluja d'idees i comentaris en veu alta i posar èmfasi en els aspectes que més els han cridat l'atenció, aspectes que no s'entenen i altres dels quals els agradaria saber-ne més. Un cop fet això, podem organitzar diferents grups per repartir els temes i aspectes a investigar. Es pot fer recerca de tots dos personatges, tant dels personatges de Castellví i Casanova, com també d'elements urbans que s'esmenten a la carta, tot relacionant les accions amb els llocs on van passar.

Un cop cercada la informació, es posarà en comú. Amb la cerca els i les alumnes podran comprendre millor el text; un cop entès què diu i què s'explica, l'alumnat haurà de redactar, per grups, i segons les edats, un text. Proposem, per als cursos de primària, redactar una carta posant-se en el paper

Cruïlla de la ronda de Sant Pere i el carrer Alí-Bei de Barcelona. Lloc on va caure ferit Rafael Casanova

d'un dels acompanyants de Casanova en el combat, explicant a una persona d'una altra població com va passar tot. Per a secundària, proposem redactar una notícia periodística que expliqui els fets, respectant l'estructura i l'estil del gènere.

I a més a més...

Es pot completar la visió del setge amb la d'altres personatges, com Berwick, o bé amb el recurs en línia *Diari de Setge* (*www.diaridesetge.cat*). Es pot treballar també el passatge des de la imatge, representant en un dibuix el que els i les alumnes hagin entès del fragment de Casanova, i comparant-lo amb la iconografia disponible per al web i en I a més a més... fonts bibliogràfiques. Caldrà preguntar-se sobre les semblances i diferències entre les imatges.

Recursos

- Carta original d'En Rafael Casanova recollida per FRANCESC DE CASTELLVÍ I OBANDO (1682-1757). *Narraciones Históricas desde el año 1700 al 1725*, vol. 4, p. 448. Fragment disponible a <www.11setembre1714.org/Biografies/Casanova-Comes-Rafael-next-test-frame.htm>.

41. Villarroel i el contraatac a Barcelona

P S

Interès educatiu

Antoni Villarroel va ser el cap suprem de l'exèrcit català amb el grau de tinent-mariscal, que li havia conferit l'emperador. També era coronel del regiment Immaculada Concepció. Era un militar altament qualificat i l'artífex de la resistència militar de Barcelona durant el setge de 1713-1714.

El setge de Barcelona de 1713-1714 es va cloure amb l'assalt borbònic de l'11 de setembre. Els assetjadors van entrar a la ciutat i van provar d'avançar però els catalans van resistir. Cap a les 7 del matí el general Villarroel va concentrar la cavalleria catalana i va contraatacar, amb les topes que li quedaven, pel carrer del Bornet contra els regiments borbònics que avançaven des del convent de Santa Clara. La descripció que fa Francesc de Castellví sobre el contraatac de Villarroel és interessant tant des del punt de vista documental i lingüístic com descriptiu de Barcelona.

Activitat

A partir del fragment de la crònica de Castellví sobre el contraatac de Villarroel el dia 11 de setembre de 1714, proposem una activitat apta per a l'alumnat de primària i també de secundària. Caldrà valorar si s'adapta la redacció del text a les necessitats i capacitats de lectura i comprensió dels alumnes. En primer lloc, proposem fer un treball de comprensió del text: llegir-lo, remarcar i resoldre els dubtes i qüestions que en sorgeixin, comentar-ne les impressions, etc. Un cop entès el text, els i les alumnes hauran de situar en un mapa de la Barcelona del moment i un altre d'actual els llocs pels quals passa Villarroel i els fets que hi succeeixen. D'aquesta forma, un cop feta la localització, es pot plantejar una visita pels llocs on van passar els fets. La visita es pot fer acompanyada de la lectura, *in situ*, dels fragments de la narració de Castellví. Cal destacar d'altra banda que el carrer per on va discórrer el contraatac de Villarroel amb la cavalleria catalana, el Bornet, encara existeix en el subsòl del Centre Cultural del Born.

I a més a més...

A més de la localització dels llocs, es pot proposar redactar una notícia periodística explicant els fets descrits per Castellví. També pot ser interessant la realització d'un còmic breu que narri la seqüència dels fets protagonitzats per Villarroel. Per a la creació del còmic, especialment en educació secundària, es recomana fer una recerca sobre aspectes d'indumentària, urbanisme, vida quotidiana..., per tal que les escenes siguin com més fiables millor. L'activitat pot complementar la lectura d'alguna novel·la adequada a l'edat dels participants.

Recursos

CASTELLVÍ I OBANDO, F. DE (1682-1757). *Narraciones Históricas desde el año 1700 al 1725*, vol. 3, p. 590. Disponible a <www.11setembre1714.org/banderes/bandera-eulalia-frame.html>.

Cal tenir present que l'exposició «Donec Perficiam» ('Fins a aconseguir-ho!') del Born Centre Cultural, de Barcelona, presenta un audiovisual que recrea els contraatacs de Casanova i Villarroel.

42. El setge segons el duc de Berwick

S

Interès educatiu

James Fitz-James Stuart, duc de Berwick, era un militar anglès al servei del rei Lluís XIV de França durant la Guerra de Successió. Va liderar les tropes borbòniques en el setge de Barcelona de 1714. Berwick va enregistrar al seu dietari, que es conserva a la Biblioteca Nacional de Madrid, l'avenç del setge, els fets més destacats i les accions desenvolupades. Per això, el seu testimoni és clau per a comprendre la visió borbònica del setge de Barcelona.

La descripció de la batalla segons Berwick és una font primària d'un alt interès històric i també educatiu. En cas que al centre es faci alguna assignatura de llengua estrangera, és un material que pot permetre l'acostament de l'alumnat a la llengua francesa, així com a l'escriptura del segle XVIII i al gènere del dietari.

Activitat

Dividirem el grup en diferents equips, a cadascun dels quals es farà triar una o dues dates diferents del setge de Barcelona de 1714. Caldrà tenir en compte que la data ha de ser entre el 7 de juliol i l'11 de setembre de 1714,

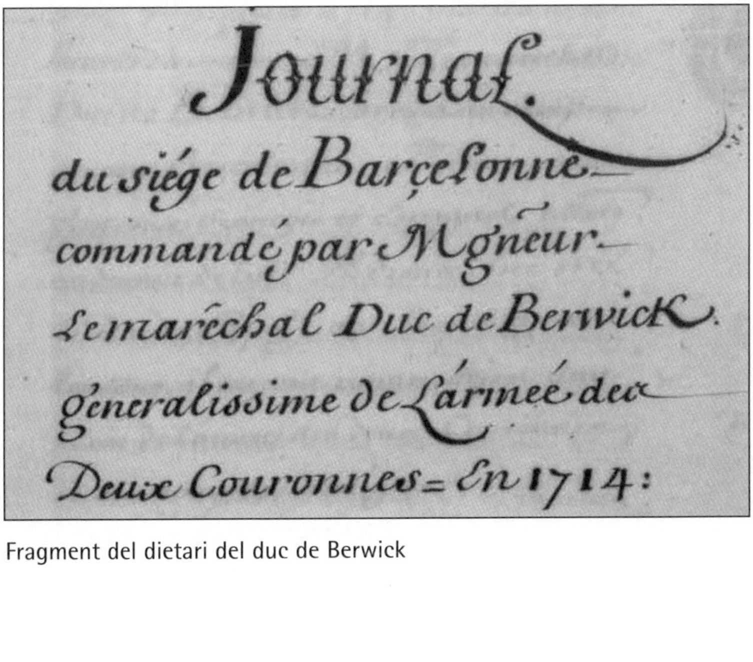
Journal.
du siége de Barçelonne
commandé par Mgneur
Le maréchal Duc de Berwick.
generalissime de l'armeé des
Deux Couronnes = En 1714:

Fragment del dietari del duc de Berwick

dates que engloba el dietari de Berwick. Si al centre es fa l'assignatura de francès, caldrà que en cadascun dels grups hi hagi un alumne o una alumna que faci aquesta assignatura o tingui coneixements d'aquesta llengua. L'objectiu de l'activitat serà, en grups, reconstruir què explica Berwick que passa en el setge de Barcelona en un dia determinat (triat pel grup) o en el més pròxim. Cadascun dels grups haurà de convertir la narració del dietari en un text, de gènere lliure (una carta a algun familiar, una notícia periodística, una entrada de blog, un article d'opinió...). Caldrà posar en comú els resultats dels diferents grups: es pot fer de forma oral, o bé en una exposició a l'aula o al centre, a les xarxes socials, en un calendari, etc. D'aquesta manera es pretén que l'alumnat comprengui i revisqui d'una forma diferent la narració del setge de 1714, assimilant els continguts històrics de forma més lúdica, participativa i cooperativa.

I a més a més...

En cas que no s'impartís francès al centre, o no es comprengués el text, caldrà que el professorat adapti els textos i els doni traduïts. Segons quin període o fet es vulgui treballar es pot comparar la descripció del dietari de Berwick amb les fonts catalanes.

Recursos

BERWICK, DUC DE (1714): *Journal du siège de Barcelonne commandé par Mgneur le Naréchal Duc de Berwick, généralissime de l'armée des Deux Coronnes.* Barcelona. Manuscrit. Disponible a: <http://bdh-rd.bne.es/viewer.vm?id=0000050158&page=1>.

43. Els itineraris d'un ambaixador S

Interès educatiu

A la primavera de 1713 l'Estat català va enviar ambaixadors a la Gran Bretanya i Holanda per tal d'intentar que les polítiques de pau que havia iniciat la Gran Bretanya no perjudiquessin els interessos de Catalunya. L'ambaixador destinat a Londres va ser Pau Ignasi Dalmases i, el destinat a l'Haia, Felip de Ferran.

Els itineraris de Pau Ignasi Dalmases, per tal d'influir en els centres neuràlgics de la política europea, són un bon referent per ubicar els països i les ciutats rellevants de la època. Altrament, d'aquest període disposem d'una cartografia contemporània prou precisa i accessible a partir dels fons de l'ICGC. Tot plegat implica manegar i correlacionar fonts primàries i assolir un coneixement complementari de l'Europa de l'època a patir de la cartografia.

Activitat

Farem pivotar l'activitat a partir del web *http://ambaixadadalmases.cat/*, que refà dia a dia l'itinerari que va seguir Dalmases i les activitats que va desenvolupar. A partir de les informacions de la web, podem confegir un quadern de ruta o un diari del viatge. Les informacions sobre el viatge les traslladarem a un mapa de l'Europa de l'època. En podem localitzar a molt bona resolució a la cartoteca digital de l'Institut Cartogràfic i Geològic de Catalunya.

I a més a més...

L'activitat sobre els viatges de Dalmases es pot complementar qualificant la imatge dels diferents indrets dels quals es parla. Això implicaria localitzar algun plànol contemporani i comprovar quin patrimoni de principi del XVIII s'hi conserva. Una altra possibilitat és fer un itinerari imaginari en què es visitin diferents capitals europees i calcular quant trigaríem a fer el recorregut, en quin mitjà el faríem i què veuríem a cada lloc.

Recursos

ALBAREDA, J. (2005): *El cas dels catalans. La conducta dels aliats arran la Guerra de Successió.* Lleida. Pagès Editors.

PRAT, I.; FERNÁNDEZ, I. (2014): *1714. El cas dels catalans. Joc d'estratègia.* Barcelona. Editorial Rubicón.

44. Les capitulacions de Barcelona de 1714

S

Interès educatiu

El 12 de setembre de 1714, el mariscal duc de Berwick, impressionat per la resistència, accedia a atorgar capitulacions a la Ciutat de Barcelona. Gràcies a aquest moviment diplomàtic, el 13 de setembre de 1714 pogueren les tropes borbòniques entrar a Barcelona, però no hi va haver ni saqueigs, ni matances; la ciutat es va salvar. Deu dies després, amb la ciutat de Barcelona ocupada i signades les capitulacions de la guarnició de Cardona, la paraula d'honor del duc de Berwick va quedar sense efecte. El marquès de Lede es va fer càrrec del Principat i va començar la repressió. El text de les capitulacions de Barcelona fou recollit per Francesc de Castellví a les *Narraciones Históricas*, la seva lectura ens acosta a les conseqüències del setge de 1714 i a la seva memòria històrica.

Activitat

En primer lloc, caldria, en grups o petits equips, fer una lectura del document de les capitulacions de Barcelona de 1714 i anotar tots aquells aspectes que no es comprenguin. En segon lloc, es plantejaran els dubtes i s'intentarà resoldre les qüestions. Les que quedin sense solucionar caldrà cercar-les.

La cerca també es pot centrar en el personatge del duc de Berwick (qui va ser i quin paper va tenir en el setge de Barcelona), els fets del setge de 1714 o la forma de fer la guerra al segle XVIII. La comprensió del text ha de permetre que els alumnes imaginin què hauria passat si no hi hagués hagut capitulacions (saqueig de la ciutat).

I a més a més...

Es pot proposar la comparació entre les capitulacions del duc de Berwick de 1714 amb les de Velasco de l'any 1705. Caldrà posar èmfasi en la diferència de contextos, els personatges i bàndols implicats, i les conseqüències previstes en les capitulacions.

Recursos

- *Capitulacions de Berwick 1714* (traducció). <www.11setembre1714.org/documents/1714-09-12-capitulacions-barcelona.pdf>.

45. La repressió vista per un pagès S

Interès educatiu

Francesc Gelat, un pagès del Maresme va escriure durant la guerra i postguerra un dietari. Part del document es dedica a explicar la situació en què queda Catalunya. Un dels efectes que més van patir els catalans del moment va ser l'augment dels impostos existents i la creació de nous, com ara els impostos cadastrals. La recaptació d'impostos que havia exercit la Generalitat fins aquell moment, com l'impost de duanes, quedaven també a mans dels funcionaris del rei (l'intendent), així com el monopoli de la sal. Les possibilitats d'introduir les conseqüències de la derrota son múltiples, atès que hi ha molts documents o informes que permeten veure les conseqüències de 1714. Tanmateix, els punts de vista de la gent del poble ens donen sovint idees prou clares. De la Catalunya de l'època es conserven molts diaris i dietaris on els autors expliquen, dia a dia, què és el que estava passant. La utilització d'aquestes fonts resulta altament interessant i, evidentment, es pot combinar amb documents i proclames oficials.

Activitat

Proposem comentar un fragment de les memòries de Francesc Gelat, un pagès del Maresme que va mantenir un llarg diari contemporani de les guerres de final del XVII i principi del XVIII. Analitzarem el text tot identificant en primer lloc les coordenades temporals, el moment en què està escrit. Esbrinarem el significat de paraules i conceptes que desconeixem i finalment mirarem d'identificar el caràcter de la repressió quotidiana que es va abatre sobre la gent del Principat.

I a més a més...

A través de la xarxa es poden aconseguir documents i decrets de Patiño, especialment el de 9 de desembre de 1715, que ens permeten copsar l'impacte de les noves polítiques impositives.

Els alumnes poden aprofundir més sobre el tema amb l'enllaç *www.bages1714.cat/revista/ESO/index.html#/28/*, a partir del qual podran fer una ressenya sobre les conseqüències de la derrota per a Catalunya.

Recursos

Fragment de les memòries de Francesc Gelat:

«Los estragos de la Província los veig tan considerables com mai. Les cases plenes de soldats. Lo rigor de les armes és tal que lo primer home que troben amb una arma, loego ne fan justícia. En quant a les contribucions, són tan grans que nostra casa, en 10 mesos, havem pagat 100 lliures. Hi ha cases de pagès per ací que en un any han pagat més de 300 lliures [...]. Se diu que la Província paga cada dia 15.000 dobles. Jo no sé d'on ixen tants diners, sinó que ells usen de que en no pagar loego que ells volen, fan anar soldats per les cases a menjar i beure a son gust i, d'eixa manera, la pobra gent fan allò que no poden fer. Nosaltres, en lo veïnat de Santa Susanna, molt temps ha que cada quinze dies havem de menester 44 rals de vuit [...]. Nostre Senyor se vulla apiadar de nostres treballs. Altrament no sé com ha d'anar [...]. Ademés d'això, diuen que en Barcelona volen fer una gran fortalesa; que ara, per lo present, tallen tants arbres per estes partides que és llàstima que haja pagès que en sa heredat li han tallat més de 100 arbres, los millors que los agraden. Esto passa fins avui als 3 d'agost de 1715. Sia feta la voluntat de Déu» (Gelat, F., fol. 92).

GELAT, F. (1706): *Memòria i record de mi...* Arenys de Mar. Arxiu Històric i Museu Fidel Fita, MS 113 (fol.).

- *«Guerra de Successió Espanyola». Viquipèdia.* <https://ca.wikipedia.org/wiki/Guerra_de_Successió_Espanyola>.
- *La Guerra de Successió.* <www.bages1714.cat/revista/ESO/index.html#/6/>.
- *Arxiu de la Memòria Personal.* <www.memoriapersonal.eu/>.
- *Documentació de Patiño.*
- <http://mdc.cbuc.cat/cdm/compoundobject/collection/guerrasucce/id/657/rec/9>.

46. Memòria de l'11 de setembre de 1971

P S

Interès educatiu

Entre el 1939 i el 1975 l'Estat espanyol va estar sotmès a una dictadura de caràcter feixista dirigida pel general Franco. Les institucions catalanes generades en el període republicà van ser derogades, es van suprimir llibertats i Catalunya va patir un procés de erosió econòmica i repressió cultural. Tanmateix, la resistència contra el règim es va mantenir i manifestar en tota mena de moviments, polítics, cívics i culturals. Durant el període franquista l'escultura de Casanova ser retirada, així com la placa del Fossar de les Moreres, i es va prohibir qualsevol mena de commemoració de l'Onze de Setembre. No obstant això, de manera clandestina, les forces polítiques democràtiques van reivindicar i celebrar l'Onze de Setembre amb manifestacions, concentracions i publicacions clandestines.

La memòria de les persones esdevé una font primària important. De vegades la memòria de la gent és tot el que ha quedat sobre un fet. La lluita contra el franquisme va ser silenciada, no hi va haver fotos, no hi va haver notícies als diaris, no hi va haver periodistes..., i molta gent va anar a la presó. Els llibres de memòries, els diaris o el testimoni d'algunes persones és tot el que queda per documentar un fet determinat. L'activitat proposa analitzar els records d'un jove estudiant que va ser testimoni dels fets de l'11 de setembre de 1971.

Activitat

Presentem un text de memòria per treballar indistintament amb alumnes de primària o secundària:

> L'any 1971, per tal de commemorar l'Onze de Setembre, s'havia convocat una manifestació unitària a l'Arc de Triomf de Barcelona. Jo llavors feia COU i tenia 17 anys. Abans de les 8 del vespre, l'hora de la convocatòria, hi vam anar amb uns companys de classe. Tota la zona de l'Arc de Triomf estava ocupada massivament pels grisos. Portaven els nous cascs de plàstic, tipus soviètic, amb què havien estat equipats i els Land Rover, les tocineres, lluïen la sinistra àliga negra a les portes. Allà era impossible que hi

hagués cap manifestació. Alguns grupets circulaven amunt i avall sota la mirada dels socials, la policia secreta. Tot i arriscant-nos, vam fer una segona volta pel territori. Per cert, em vaig topar amb el meu oncle, el Paco, que també anava amb uns amics... Em va renyar i va dir que marxés. Ja gairebé eren les vuit, el silenci era total, i l'ambient tens es podia tallar amb un ganivet. De sobte va començar a sonar una música... Eren els Segadors i sonava molt fort i després va començar a tronar una veu que deia «Catalans...». La policia es va posar histèrica, prenia posicions i donava empentes a la gent; els socials anaven amunt i avall, però la veu no parava i va estar crepitant una bona estona. La cosa es posava, però, lletja, i vam tocar el dos amb una sensació de victòria: aquella vegada els feixistes s'havien hagut d'empassar el nostre himne.

Molts decennis després he sabut que un escamot format per Àlvar Valls, Joan-Ramon Colomines-Companys, Ton Ribas, Robert Surroca i Anna Esmerats, després d'haver llogat una habitació al primer pis de l'hotel Duval, a la cantonada del carrer de Trafalgar amb l'Arc del Triomf, van instal·lar arran del balcó un potent conjunt d'amplificador i altaveus amb la gravació d'«Els segadors» i un comunicat reivindicatiu de l'FNC, que va ser activat quan faltaven cinc minuts per a les vuit del vespre.

(Testimoni de Francesc H. Cardona.)

Passarem el testimoni i analitzarem la informació que ens aporta. On estava convocada la manifestació? Com estava desplegada la policia? Quina acció van fer els resistents? Podem explicar o documentar, també, que en aquells moments les penes que imposava el Tribunal d'Ordre Públic per anar a una manifestació podien arribar als cinc anys de presó.

I a més a més...

Podem aproximar les diades sota el franquisme a patir d'octavetes o premsa clandestina, i també consultant bibliografia especialitzada.

Recursos

BOVÉ, M.; CAPILLA, A. (1995): *La Premsa de sorra: les publicacions obreres clandestines a la Catalunya de postguerra, 1939-1953.* Barcelona. Diputació de Barcelona i premsa clandestina (1939-1951). Editorial Curial.

ANGUERA, P. (2008). *L'Onze de setembre: Història de la Diada (1886-1938).* Barcelona. Publicacions de l'Abadia de Montserrat.

47. La premsa en va parlar: 1977 S

Interès educatiu

El 1976, mort el dictador, Catalunya va celebrar massivament l'Onze de Setembre amb una concentració tolerada pel Govern civil espanyol a Sant Boi. El 1977, a Barcelona, i ja de manera legal, es va convocar una gran manifestació que va aplegar un milió de persones. La gran manifestació de 1977 va ser un referent històric i en aquest sentit te un alt interès educatiu, però, a més a més, la manifestació va ser àmpliament documentada per la premsa i pels mitjans de comunicació del moment. Aquesta casuística ens mena a la possibilitat de treballar també amb un tipus de fonts molt pròpies del segle XX: la premsa, els reportatges dels noticiaris i les fotografies emblemàtiques.

Activitat

L'objectiu de l'activitat és treballar la premsa com a font d'informació. Subministrarem als alumnes rèpliques de diaris del moment dels dies anteriors i posteriors a la Diada de 1977. Els exemplars es poden lliurar en un dossier digital o be impresos en paper. En principi és aconsellable estalviar paper; per tant, tot allò que es pugui treballar en format digital és, per definició, correcte. Cal tenir present que hi ha diaris digitalitzats, com l'*Avui*, *La Vanguardia* o l'*ABC*, i que els exemplars de la transició es poden local-

LA VANGUARDIA
ESPAÑOLA
BARCELONA-1
Domingo, 11 de septiembre de 1977
Redacción y Admón.: PELAYO, 28
Teléfono 301-54-54 (20 líneas)
Precio de este ejemplar: 20 pts.
FUNDADORES: DON CARLOS Y DON BARTOLOMÉ GODÓ
Fundada en 1881 - Número 34.603
EL 11 DE SEPTIEMBRE DE LA ESPERANZA

Diari que es fa ressò de la Diada de 1977

itzar amb certa facilitat. A partir de la premsa es tractaria de fer un informe de síntesi explicant qui va convocar la manifestació, quines van ser les consignes, quin el recorregut i quins els resultats. Tindrem en compte les editorials, les cròniques i els articles d'opinió. Altrament també podem contrastar les valoracions que van fer els diaris de Catalunya i els de Madrid.

I a més a més...

La localització de documents cinètics i fotogràfic sobre la Diada el 1976 i 1977 no és senzilla. Alguns reportatges interessants es poden localitzar a partir de Youtube.

Cal tenir present també que el Museu de Sant Boi de Llobregat dedica una part significativa dels seus espais a la manifestació de 1976.

Recursos

Diaris de la premsa de l'11 de setembre de 1977.

- *La Vanguardia.*
  <http://hemeroteca.lavanguardia.com/edition.html?bd=11&bm=09&by=1977&ed=&em=&ey=>.
- ABC.
  <http://hemeroteca.abc.es/detalle.stm>.

48. Onze de Setembre, Diada Nacional

P S

Interès educatiu

L'Onze de Setembre és la festa nacional de Catalunya i es commemoren els fets ocorreguts el 1714. Aquest dia va ser declarat festa nacional pel Parlament de Catalunya l'any 1980 amb la Llei 1/1980, de 12 de juny. El text que està recollit al DOGC és una font primària que ens informa de la institucionalització de la data. Des d'un punt de vista didàctic és interessant treballar amb els i les alumnes la que va ser la primera llei que publicà el Parlament de Catalunya.

Activitat

Proposem una lectura d'aquesta llei i una interpretació posterior al voltant de la justificació que se'n fa. És important fer notar als alumnes i les alumnes el significat que es dóna als fets de l'Onze de Setembre i que fugen, naturalment, de l'associació amb la celebració d'una derrota per centrar-se en l'esperança del recobrament nacional. Proposem, un cop llegit, encetar un debat amb l'alumnat entorn dels símbols per intentar plantejar quins són els símbols, sancionats per la llei, que ens defineixen com a poble i quins altres hi ha que també són molt importants tot i no estar legislats.

I a més a més...

Una altra activitat vinculada a aquesta seria la lectura i la interpretació de fragments de l'Estatut de 2006 que, justament, a l'article 8 defineix els símbols que configuren la identitat nacional. A banda, podem treballar tot allò simbòlic que assoleix importància en l'imaginari que defineix als catalans: la festa de Sant Jordi, determinades cançons, llocs, etc.

Recursos

<http://portaldogc.gencat.cat/utilsEADOP/PDF/70/976.pdf>.

Bloc 5.
Fonts primàries: músiques i cançons

49. *El cant dels ocells*, una cançó austriacista

P S

Interès educatiu

El rei Carles III, l'arxiduc, va desembarcar a Barcelona a final d'agost de 1705. En arribar se li va cantar una cançó publicada en forma de goigs: *El cant dels aucells.*

El cant dels ocells és una cançó tradicional que tothom coneix gràcies a la popularització que en féu Pau Casals. Gràcies al fet que avui dia *El cant dels ocells* ha esdevingut una melodia de comiat, és coneguda pels alumnes. Tanmateix, *El cant dels ocells* és una font primària en tant que esdevingué encara més popular quan va prendre el biaix austriacista. Disposem d'una versió impresa de 1706. La peça té un to combatiu i partidista, ja que es refereix a Felip V com a il·legítim i «ponçonya», a banda d'expressar el menyspreu als crancs, o sigui, als Borbons. En canvi, el text fa lloances als aliats.

Activitat

La peça és un fullet, es conserva a la Biblioteca de Catalunya i es tracta d'un document que poden treballar, en diferents nivells, els alumnes de primària i els de se-

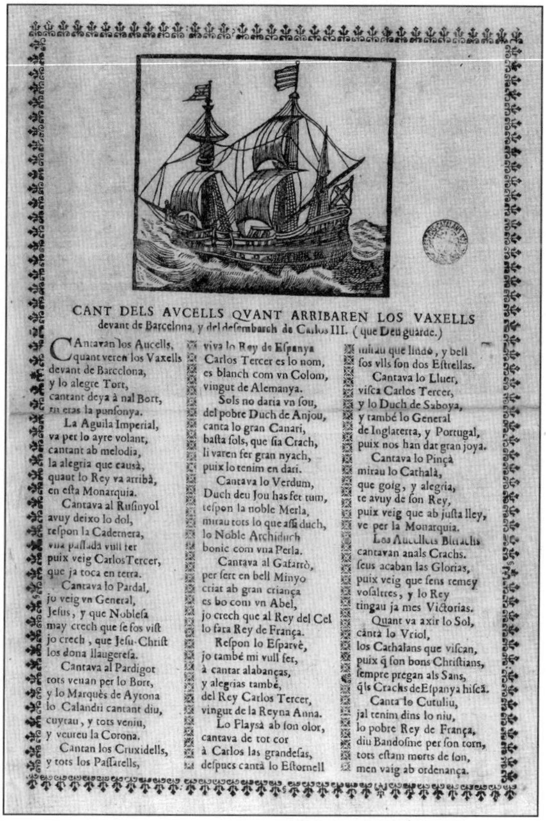

CANT DELS AVCELLS QVANT ARRIBAREN LOS VAXELLS devant de Barcelona, y del desembarch de Carlos III. (que Deu guarde.)

CAntavan los Aucells,
quant veren los Vaxells
devant de Barcelona,
y lo alegre Tort,
cantant deya à nal Bort,
tu eras la punſonya.
La Aguila Imperial,
va per lo ayre volant,
cantant ab melodia,
la alegria que causà,
quant lo Rey va arribà,
en eſta Monarquia.
Cantava al Ruſinyol
avuy deixo lo dol,
reſpon la Cadernera,
vna paſſada vull fer
puix veig Carlos Tercer,
que ja toca en terra.
Cantava lo Pardal,
jo veig vn General,
Jeſus, y que Nobleſa
may crech que ſe fos viſt
jo crech, que Jeſu-Chriſt
los dona llaugereſa.
Cantava al Pardigot
tots venan per lo Bort,
y lo Marquès de Aytona
lo Calandri cantant diu,
cuytau, y tots veniu,
y veureu la Corona.
Cantan los Cruxidells,
y tots los Paſſarells,
viva lo Rey de Eſpanya
Carlos Tercer es lo nom,
es blanch com vn Colom,
vingut de Alemanya.
Sols no daria vn ſou,
del pobre Duch de Anjou,
canta lo gran Canari,
baſta ſols, que ſia Crach,
li varen fer gran nyach,
puix lo tenim en dari.
Cantava lo Verdum,
Duch deu Jou has fet tum,
reſpon la noble Merla,
mirau tots lo que aſſi duch,
lo Noble Archiduch
bonic com vna Perla.
Cantava al Gafarrò,
per ſert en bell Minyo
criat ab gran criança
es bo com vn Abel,
jo crech que al Rey del Cel
lo fara Rey de França.
Reſpon lo Eſparvè,
jo també mi vull fer,
à cantar alabanças,
y alegrias també,
del Rey Carlos Tercer,
vingut de la Reyna Anna.
Lo Playsà ab ſon olor,
cantava de tot cor
à Carlos las grandeſas,
deſpues cantà lo Eſtornell
mirau que lindo, y bell
ſos vlls ſon dos Eſtrellas.
Cantava lo Lluer,
viſca Carlos Tercer,
y lo Duch de Saboya,
y també lo General
de Inglaterra, y Portugal,
puix nos han dat gran joya.
Cantava lo Pinçà
mirau lo Cathalà,
que goig, y alegria,
te avuy de ſon Rey,
puix veig que ab juſta lley,
ve per la Monarquia.
Los Aucellets Blauachs
cantavan anals Crachs.
ſeus acaban las Glorias,
puix veig que ſens remey
voſaltres, y lo Rey
tingau ja mes Victorias.
Quant va axir lo Sol,
cântà lo Vriol,
los Cathalans que viſcan,
puix q̃ ſon bons Chriſtians,
ſempre pregan als Sans,
q̃ls Crachs de Eſpanya hiſcã.
Canta lo Cutuliu,
jal tenim dins lo niu,
lo pobre Rey de França,
diu Bandoſme per ſon torn,
tots eſtam morts de ſon,
men vaig ab ordenança.

Fulletó amb la lletra d'*El cant dels ocells*, una cançó austriacista

cundària. Es pot obtenir amb facilitat. Un cop repartit als alumnes per a un treball individual o grupal caldrà insistir en el concepte «goig», fixar-se en el vaixell que apareix en la part alta d'aquests i identificar les ensenyes que llueix. Repassant el text podrem entendre quines aliances es consideraven importants i quines persones eren les no desitjades. Recollirem el nom de totes aquelles persones que apareixen en el text i també el nom dels ocells esmentats. Finalment podem assajar de cantar la cançó amb la lletra original del segle XVIII.

I a més a més...

D'aquest període podem treballar altres cançons, moltes de tradicionals, i també les anomenades *cançons de lladre*; en podem trobar amb facilitat versions de qualitat. Entre els repertoris més significatius (segles XVII-XVIII i XIX), vegeu: F. REIXAC, (1976), *Cançons de lladre*, Barcelona, Edigsa.

Recursos

- *Cant dels aucells quant arribaren los vaxells devant de Barcelona, y del desembarch de Carlos III* (1705). Barcelona. Biblioteca de Catalunya. <http://mdc.cbuc.cat/cdm/ref/collection/llibimps16/id/30416>.
- *Jordi Savall interpretant «El cant dels ocells».* <www.youtube.com/watch?v=9YrbEs8g4PE>.

50. *Il più bel nome.* Òpera a Barcelona

S

Interès educatiu

L'arxiduc Carles i la princesa Elisabet Cristina de Brunswic es varen casar durant el conflicte de la Guerra de Successió a la ciutat de Barcelona. La jove parella va estimar molt la ciutat. En agraïment, la ciutat va oferir als monarques una òpera, que esdevingué la primera que es va estrenar al país. A partir d'aquell moment Carles III va fer venir músics i compositors italians a Barcelona. L'encàrrec va recaure en el compositor italià Antonio Caldara, contemporani de Händel, i es va estrenar a l'edifici de la Llotja de Mar el 2 d'agost de 1708. Es tracta d'una òpera de caire mitològic, típica de l'època, on s'enalteix el nom d'Elisa, aquella que regna on «l'Ebre fa el seu curs», com la deessa més sublim.

La música del Barroc es caracteritza per la gran riquesa en l'ornamentació, amb una gran quantitat de variacions. És el moment de les òperes i de la música instrumental i religiosa, amb autors tan coneguts com Claudio Monteverdi, Domenico Scarlatti, Antonio Vivaldi, George Friedrich Händel, Henry Purcell, Johann Sebastian Bach, Johann Pachelbel... Proposem escoltar a classe música del Barroc (més enllà de Vivaldi o Bach). Per fer-ho triem un fragment de l'òpera (4 minuts) de Caldara.

Activitat

L'activitat proposada consisteix en una translació cronològica del fet de l'encàrrec de l'òpera per part de l'Ajuntament de Barcelona a l'actualitat. Els alumnes haurien de definir una composició musical / espectacle dedicada a uns hipotètics prohoms de la ciutat (no cal que siguin monarques), seguint el llenguatge musical actual, i en funció de l'argument real de l'obra *Il più bel nome.*

Per fer-ho es proposa l'audició d'un tall de l'òpera (vegeu l'enllaç del recurs) i la lectura de la traducció de la lletra corresponent a aquest tall transcrita a continuació:

> Si és cert que amàreu un dia, cors amants,
> jo bé ho sabré,
> si veig que estimeu encara.
> I diré que era immortal aquell dard que us va ferir,
> si l'esquinç serveu encara.

Els alumnes haurien de dissenyar un espectacle global en funció de paràmetres actuals (escenari, presentació, retransmissió...), tenint present que l'òpera, aleshores, representava el grau màxim de virtuosisme escenogràfic i musical possible.

Cristina Elisabet de Brunsvic, reina dels catalans. El rei Carles li va regalar una òpera: *Il più bel nome*

I a més a més...

Podem complementar l'activitat amb imatges extretes de la pel·lícula *Vatel* (2000), protagonitzada per Gérard Depardieu, Uma Thurman i Tim Roth, que narra de manera molt visual la mena d'espectacles a què estaven acostumats la monarquia i la noblesa europea (en aquest cas la del mateix Lluís XIV).

Recursos

- Fragment d'*Il più bel nome*. <www.youtube.com/watch?v=kTTakJnY8h0>.

51. Goigs i lletres de cançons de la Guerra de Successió

P S

Interès educatiu

A Catalunya la Guerra de Successió va generar molts impresos amb caràcter publicitari de tarannà austriacista que estaven destinats a animar i a conformar l'opinió popular. Alguns dels documents que s'han conservat i ens han arribat fins a nosaltres són goigs i lletres de cançons populars. Els goigs són composicions poètiques, de caire popular i de caràcter religiós, que han estat molt arrelats en l'imaginari de col·lectius o pobles com a ensenyances morals o lloances a algú. Són recursos didàctics que no tan sols es relacionen amb la musicologia, sinó també amb l'antropologia i amb la història. En aquest sentit, l'estudi dels goigs no només permet treballar la vessant morfològica pròpia de la didàctica musical (format, ordre del text, el tipus d'ornaments, etc.), sinó també la part més humana i testimonial d'unes vivències o d'uns fets concrets.

GOIGS DE CARLOS
Tercer, Archiduch de Auſtria, Rey de Eſpanya, Comte de Barcelona, Princep de Gerona, &c.

VOſtres Goigs ab gran plaher
cantarèm ſempre tot dias
puix deſta gran Monarchia
ſou Vos Rey CARLOS TERCER.
Deu plantà dins Vos Senyor
lo Regne molt excellent,
quant vos feu mereixedor
Carlos ab ſon Teſtament;
donànt fè al Miſatger,
que de Madrit vos venia,
voſtre Germà ja volia
foſſeu Rey Carlos Tercer.
De Auſtria ſempre produìda
Eſpanya ſerà per cert,
y de Archiduchs circuìda,
y regida ab gran concerts
reſtarà pur, y ſenſer
voſtre Regne ab alegria,
quant vindrà aquell tant bon dia
que Regneu Carlos Tercer.
Quant los Aliats ſentiren
de Carlos la gran olor,
ab valor enſemps partiren
per ajudarvos Senyor;
y trobaren ſer lo ver
de Rodulf la Profecia,
puix que en Vos fi no tenia,
ſent Vos Rey Carlos Tercer.
Gran delit vos preſentava
Inglaterra ab ſon Eſtat,
ab tant Vaxell, que enviava
de forts Ingleſos armàt;
per los quals Lluys darrer,
que de Crachs Eſpanya umplia,
fonch robat en aquell dia
quant Regnà Carlos Tercer.
Reparada la gran erra
del Duch de Anjou, ve Abel,
tranſplantat fonch en la terra,
de Eſpanya, Carlos ab zel;
y pujant ab gran poder,
lo arribar era alegria,
mirant, que Eſpanya rebia
ab gran Goig Carlos Tercer.
No fonch de menor eſtima
lo gran Goig del Somatent
Vigatà, que à Vos ſe arrima
donànt ſon conſentiment;
que de Eſpanya lo poder
a Vos Carlos pertanyia,
puix lo gran Deu elegia
a Vos Rey Carlos Tercer.
Voſtra Guerra acabada
lo major dels Goigs ſentìs,
en Europa preſentada
triunfarèu en Paris;
y Senyor hos volguè ſer
del gran or que poſſeia,
collocantla com devia
baix de Vos Carlos Tercer.
Mana voſtra Senyoria
als Cathalans, y Millors,
que de voſtra Monarchia
fian los Conquiſtadors;
puix aixis ho han guanyàt
obehint voſtre poder,
dignament intitular
noſtre Rey Carlos Tercer.

TORNADA.
Puix moſtrau voſtre poder,
guanyant Regnes cada dia;
fiau deſta Monarchia
noſtre Rey CARLOS TERCER.

DISTICON:
Te Corolum Caroli Phœnicem Aſtraa Secundi | Tertius ex ſerie Quintū ſuperabis & ultra
Declaratur Rex et ſanguine jure Deo. | Heſperidum finis, non tibi finis erit.

Goigs dedicats a Carles III

Activitat

En primer lloc, es proposa la lectura i anàlisi d'una cançó dedicada a Carles III i un goig dedicat a la Immaculada Concepció, però indirectament també dedicat a Carles III, que permetran als alumnes conèixer els principals trets característics que defineixen aquest tipus de composicions poètiques, així com entendre'n la finalitat. Al seu torn, el goig de la Immaculada Concepció mostra la imatge de la Mare de Déu, però també l'escut de Carles III. Cal tenir present que Carles, seguint la tendència inaugurada a Àustria, va impulsar el culte a la Immaculada Concepció, i a tal fi va fer aixecar un monument (la Piràmide) a la plaça del Born de Barcelona.

I a més a més...

Una altra manera de potenciar l'activitat, sobretot des d'educació primària, és emprar i analitzar altres documents testimonials de l'època, com són les cançons populars de «Mambrú va anar a la guerra» o els «Tres tambors». La interpretació de les diferents lletres els ajudarà a entendre els fets històrics propis de la Guerra de Successió, mitjançant per exemple el dibuix o la interpretació artística.

Recursos

- *Goig de Carles III.*
  <http://bibliogoigs.blogspot.com.es/2011/09/goigs-de-carlos-tercer-evocats-el-dia.html>.
  <http://1714.mhcat.cat/ambit02/subambit02/canco_nova_de_la_alegria.html>.
- *Goig de la Puríssima Concepció de Maria.*
  <http://bibliogoigs.blogspot.com.es/2008/12/goigs-de-la-purssima-concepci-la-seva.html>.
  <http://mdc.cbuc.cat/cdm/compoundobject/collection/partiturBC/id/5332/rec/83>.

52. Música de ministrers i marxes militars

P S

Interès educatiu

La música popular catalana del segle XVIII es fonamenta també en manifestacions folklòriques i en el bestiari, nans i gegants. Tot aquest univers de festa popular, molt present encara en els nostres dies en una forma força similar a la del segle XVIII, va incrustar-se primer en les tradicions religioses, com en les festes de Corpus, tot i que el seu origen era més aviat cortesà. La música associada a aquestes festes era interpretada pels ministrers o ministrils. Aquests eren grups de músics amb un seguit d'instruments musicals que amenitzaven els balls dels animals fantàstics i el pas dels gegants. Al seu torn els exèrcits incorporaven músics entre els seus membres que ajudaven a transmetre ordres i marcar els ritmes de marxa iniciant un gènere musical que coneixem com a *marxes militars*.

Activitat

Es tracta d'escoltar una audició de la música interpretada pels Ministrers de la Ciutat, que podeu consultar directament de la seva pàgina web (vegeu-ne l'enllaç dels recursos). També es pot visualitzar un vídeo sobre el ball de l'àguila dins la festa de la Patum de Berga. Pel que fa a les danses populars, us proposem visualitzar la dansa d'Arenys de Mar.

I a més a més...

La Biblioteca de Catalunya conserva un manuscrit amb lletra i partitures de cançons, músiques populars i marxes militars, amb peces de principi del segle XVIII. Es titula *Manifestación de relevantes aplausos de la música*. Podem consultar el manuscrit a la xarxa i intentar classificar algunes de les peces que recull.

Recursos

- *Manifestación de relevantes aplausos de la música.* <http://mdc.cbuc.cat/cdm/compoundobject/collection/partiturBC/id/5332/rec/90>.
- *Ministrers de la Ciutat.* <www.ministrers.cat>.
- *Ball de l'àguila de la Patum de Berga.* <www.youtube.com/watch?v=cUMy3XwQcMs>.
- *Dansa d'Arenys de Mar.* <http://esbartmaragall.jimdo.com/videos/>.

53. La cançó de Bac de Roda

P S

Interès educatiu

Els romanços populars, sovint amarats per la saviesa de la gent, acostumen a ser fonts de primer ordre per comprendre una època. Francesc Macià i Ambert, conegut com a Bac de Roda, va ser un austriacista de primera hora i va participar en el pacte dels Vigatans. Bac va lluitar durant la Guerra de Successió comandant fusellers de muntanya. En la darrera etapa de la guerra Bac era a Osona, on va ser denunciat per austriacista. Va ser penjat a la forca, a Vic, el 2 de novembre de 1713. Considerat un heroi popular la seva mort va causar commoció.

El romanç d'en Bac de Roda és contemporani dels fets i reflecteix la perplexitat del poble davant la ràpida detenció i execució del qui havia estat un combatent popular. El romanç va ser cantat per Rafael Subirachs el 1977 i esdevingué una peça emblemàtica del redreçament de Catalunya en els temps que van succeir a la mort del general Franco.

Activitat

Podem donar la lletra del romanç als alumnes i fer un treball d'interpretació d'allò que s'està explicant. En paral·lel podem demanar que busquin algunes dades biogràfiques de Bac de Roda. El treball es pot acompanyar amb l'audició de la versió d'en Rafael Subirachs. Finalment, podem complementar l'activitat elaborant, a partir dels versos de la cançó, una auca o il·lustracions.

I a més a més...

El disc que va gravar Rafael Subirachs el 1977 amb el títol de *Bac de Roda* conté diverses cançons de la Catalunya del Barroc: «La presó del rei de França», «El mariner», «Cançó del lladre», «Rossinyol», «Els fadrins de Sant Boi», «Testament d'Amèlia», «Catalunya comtat gran». L'audició del conjunt pot resultar d'interès per contextualitzar la Catalunya del XVII i principis del XVIII.

Recursos

- *Bac de Roda.* <www.viasona.cat/grup/rafael-subirachs/bac-de-roda/bac-de-roda>.
- *Auca d'en Bac de Roda.* <www.auques.cat/tot.php?auca=bac>.
- *El romanç de Bac de Roda.* <www.youtube.com/watch?v=7VHcW3a2-nc>.

Bloc 6.
Fonts primàries: fonts materials i patrimonials

54. Ceràmiques al Born

P S

Interès educatiu

El barri del Born va ser enderrocat entre el 1716 i el 1718 per ordre de Felip V per tal d'establir el perímetre de seguretat de la fortalesa de la Ciutadella. Al jaciment es van trobar estructures immobles i nombroses restes mobles que, juntament amb l'estudi de documents notarials de l'època, han permès reconstruir com devia ser la vida quotidiana a la Barcelona de 1700. Un dels materials més presents a les excavacions arqueològiques, i que ofereix molta informació, és la ceràmica: vaixella, pipes, recipients per a diferents usos, rajoles, paviments... En el passat, la ceràmica era un material present arreu. L'observació de restes materials, la seva interpretació i la comparació amb elements actuals permet a l'alumnat la comprensió del passat, de les formes de vida i la seva vinculació amb l'actualitat. Per això, l'anàlisi de ceràmiques permet aprofundir en els coneixements i la percepció de canvis i continuïtats històrics, alhora que serveix per dotar de materialitat i tangibilitat la comprensió de la història i el passat.

Bol de ceràmica, jaciment del Born de Barcelona

Activitat

En primer lloc, hi ha la possibilitat de fer una visita al jaciment del Born Centre Cultural i posar especial èmfasi en la observació de les ceràmiques que hi ha exposades a l'exposició permanent (si això no és possible sempre podem utilitzar la bibliografia existent o les memòries arqueològiques presents en la xarxa). Seria necessari donar als participants pautes d'observació de les peces: què són, quin tipus de ceràmica és, per a què servia... També pot ser útil que els infants i adolescents dibuixin o fotografiïn les peces que considerem més interessants.

Després de la visita o de la consulta bibliogràfica, es posarà en comú tot allò que s'ha observat. Podem posar èmfasi en diferents aspectes de les peces: la forma, la utilitat, aspectes de decoració, tècnics... Finalment, proposem fer una cerca al voltant de quins objectes feien servir els avis i besavis dels infants i adolescents per a les mateixes finalitats que les ceràmiques de 1714, i fer-ne una comparativa entre les ceràmiques del XVIII, les del segle XX i les actuals. Atès que hi ha tipologies que perviuen podem comprar ceràmiques actuals de tipus tradicionals que en molts casos segueixen pautes de materials i decoratives molt similars a les de principi del XVIII i muntar una exposició.

I a més a més...

Per ampliar l'activitat, es pot simular un jaciment arqueològic amb rèpliques de ceràmiques del segle XVIII (guardiola, greixonera, olletes vidriades, càntirs de Verdú o Quart, llànties trilobulades, piquetes de beneir, rajoletes d'oficis...). Es poden enterrar, fragmentades, en un tros de terra del pati del centre escolar, i, més tard, excavar-lo i extreure'n conclusions. Per fer una simulació d'excavacions és important disposar els objectes a enterrar de forma que vulguin representar algun moment concret, i es poden complementar les ceràmiques amb altres objectes (per exemple, sivelles de cinturó o peces d'os o de pedra, com daus o peces de joc).

Recursos

- A.B. (2013). «Qui en va dir decadència?» *Presència*. (8 de setembre). Disponible a: <http://plural-21.org/wp-content/uploads/2013/09/¿Qui-en-va-dir-decadència.pdf>.

GARCÍA ESPUCHE, A. (2012): *Interiors domèstics. Barcelona 1700*. Barcelona. Ajuntament de Barcelona, vol. 5.

55. Una moneda de Carles III

P S

Interès educatiu

Les monedes són un dels objectes més singulars del nostre patrimoni objectual, arqueològic i cultural, atès que són una font primària símbol i testimoni d'una societat i d'un poder polític i econòmic. Les monedes són fonts primàries que expliquen, de manera molt simplificada, quin és el poder i qui l'exerceix. Carles III, des de la seva capital hispànica, Barcelona, va emetre monedes. La interpretació de la iconografia d'una moneda esdevé un exercici inductiu prou interessant i de valor didàctic, ja que a partir de símbols molt precisos, depurats i concrets se'ns està explicant l'efígie del poder en una societat determinada.

Activitat

La moneda a escollir són els dos rals de plata de Carles III. Aquestes monedes es van encunyar a la Ceca de Barcelona entre el 1707 i el 1714. Els dos rals de plata pesaven 6,18 grams, encara que la majoria no arribaven al pes, i mesuraven uns 26 mil·límetres. Podem proporcionar als alumnes monedes autèntiques; no són gaire difícils d'adquirir a partir de col·leccionistes. Altrament també podem tenir bones reproduccions fotogràfiques a partir de la xarxa. En aquest cas imprimirem l'anvers i el revers de manera ampliada per poder copsar els detalls. En primer lloc demanarem que estableixin materials i mides. Després demanarem que treballin sobre el que hi ha a cadas-

Moneda de dos rals de Carles III

cuna de les cares. Així, a l'anvers, podem llegir Carolus III DG (*dei gratia*, és a dir, 'per la gràcia de Déu'), R II (dos rals). En aquesta mateixa cara podem identificar l'escut de Carles III amb la representació de tots aquells territoris que s'hi vinculen: Castella i Lleó (a dalt a l'esquerra), Aragó i Sicília (a dalt a la dreta), Granada (molt petit al centre, entre Castella i Aragó), Borgonya modern (a la dreta, sota Aragó i Sicília), Habsburg (de fet, Àustria, a l'esquerra, sota Castella i Lleó), Borgonya antic (a baix a l'esquerra, sota Habsburg), Brabant (a baix a la dreta, sota Borgonya modern), Tirol i Flandes (en un escudet partit al centre de la zona inferior). El conjunt té una corona tancada. El revers té una llegenda que diu «Hispaniarum Rex 1708» i al centre el nom del rei: Carlos III, amb una corona tancada. El conjunt d'elements ha de ser suficient perquè els alumnes identifiquin la moneda com de Carles III (any, nom escut...).

I a més a més...

A partir de la xarxa podem fer una col·lecció virtual de monedes de la Guerra de Successió. Les podem aplegar, descriure i classificar, tant de Carles com de Felip V. De manera similar podem operar amb les medalles commemoratives que es van fer a l'època, en general per commemorar batalles. Cal destacar també que s'han trobat monedes de Carles III amb un petit forat. Es tracta d'adaptacions que feien els combatents catalans, que les portaven com a medalles. Eren, per tant, un símbol d'adhesió a la causa austriacista.

Recursos

- *Archiduque Carlos.*
  <www.maravedis.net/archiduque_carlos.html>.
- *Tipos de monedas.*
  <www.maravedis.net/tipos_de_monedas.html>.

56. Les armes. El pany miquelet **S**

Interès educatiu

En les guerres de finals del segle XVII i principi del segle XVIII una nova arma va assolir un protagonisme preponderant: el fusell. Aquest giny era més lleuger que el mosquet i tenia un abast similar, atès que podia endegar bales de plom amb una certa precisió fins a més enllà dels 100 metres. A Catalunya existí una indústria rellevant d'armes de foc, i s'hi van fabricar fusells, pistoles i escopetes catalanes, en centres com ara Ripoll, Igualada o Barcelona. Per tal d'automatitzar els trets es van desenvolupar diferents tipus de pany. A Catalunya es va inventar un giny, el pany miquelet, que permetia disparar les armes de foc a partir de la percussió d'una pedra foguera contra una bateria de ferro.

El desenvolupament dels exèrcits està en estreta relació amb la capacitat tècnica i tecnològica de les societats que els sostenen. El coneixement del tipus d'estris, per tant, ajuda a entendre les característiques de guerres i batalles. L'estudi de les armes enteses com elements tecnològics i la disposició de les unitats militars, entesa com a tècnica, ajuden a interpretar conflictes com la Guerra de Successió Espanyola. Altrament el coneixement d'iniciatives d'innovació tecnològica desenvolupats a Catalunya és important des del punt de vista de la història del país.

Activitat

Proposem als alumnes de secundària estudiar les armes que porten els soldats del període de la Guerra de Successió Espanyola, establint les diverses tipologies i els seus usos. Per desenvolupar l'activitat el docent donarà una curta llista amb el nom d'armes i pertrets del segle XVIII per tal que els alumnes esbrinin els conceptes o significats: fusell, escopeta catalana, pistola, baioneta, espasa, sabre, casalina, cartutx, granada...

Pany de miquelet

Cada grup haurà de buscar una determinada peça, localitzar imatges (dibuixos o fotografies) i fer una breu descripció de les característiques i, si s'escau, funcionament. Amb tot plegat confegirem un dossier o un mural amb les armes dels soldats del segle XVIII. Introduirem també el concepte de pany miquelet i demanarem als alumnes que localitzin imatges d'armes que facin servir aquest giny. També els demanarem que descriguin el pany miquelet i, de manera aproximada, el seu funcionament.

I a més a més...

A la xarxa hom pot trobar moltes imatges cinètiques vinculades a actuacions de grups de recreació amb les quals es mostra com es carreguen i disparen les armes de foc del segle XVIII. Demanarem als alumnes que en localitzin algunes, que descriguin els processos de càrrega i dispar i que calculin el nombre de trets per minut que es podien efectuar amb una arma de foc del segle XVIII. També podem recórrer a pel·lícules del segle XVIII que mostrin les armes i les tècniques de combat del moment: *Barry Lindon, El darrer dels mohicans, El patriota...*

Recursos

- *Pany de miquelet. Viquipèdia.* <http://ca.wikipedia.org/wiki/Pany_de_Miquelet>.
- *Equipament. Museu Virtual de la Guerra de Successió* <www.guerradesuccessio.cat/equipament_25.html>.
- *Mosquete español. Mod. 1790.* <www.youtube.com/watch?v=wuiF-ZCWI5s>.

57. Un baluard amb canons

S

Interès educatiu

Baluard del segle XVIII. Passeig arqueològic de Tarragona

En les guerres del segle XVIII les fortificacions dotades d'artilleria van tenir un paper importantíssim. Sovint el control de les fortificacions estratègiques era el que definia una campanya militar. Les fortificacions del moment es confegien de manera congruent amb el desenvolupament de l'artilleria. Les muralles eren baixes per evitar l'impacte dels canons, i estaven protegides amb baluards, fossats i amplis glacis. L'estudi dels baluards, entesos com a plataformes artilleres, i dels canons es pot plantejar en qualsevol dels espais fortificats de Catalunya; tanmateix, un dels millors llocs que hi ha per prendre de referència és el baluard de Sant Diego de les muralles del Passeig Arqueològic de Tarragona, que presenta peces d'artilleria originals que, tot i ser de final del segle XVIII, són molt similars quant a calibre i dimensions de les de principi de segle.

Correlacionar variables en història és importantíssim. La lògica i formes de les fortificacions dels segles XVII i XVIII no es pot entendre si no tenim en compte a l'ensems el mobiliari artiller que allotjaven, les formes dels canons, les seves característiques, el funcionament i l'abast. L'estudi d'un baluard original del període de la Guerra de Successió dotat amb artilleria permet aproximar-nos a l'aspecte que tenien aquests espais.

Activitat

Proposem estudiar com funciona un baluard amb la seva dotació d'artilleria. L'activitat s'ajusta més a secundària, tot i que també podem provar-la a primària amb els reajustaments oportuns. Com a referència podem prendre el baluard de Sant Diego de les muralles de Tarragona (Passeig Arqueològic), construït durant la Guerra de Successió. Si no és possible la visita directa podem aproximar-nos al lloc a partir de Google Earth i de les fotografies associades. Investigarem com són els baluards i perquè tenen forma pentagonal. Compararem les fotografies del baluards amb els que apareixen cartografiats en plànols de les ciutats catalanes del segle XVIII. També buscarem informació sobre els canons; els que hi ha al baluard de Sant Diego de Tarragona son de 24 lliures, molt pesants, i probablement són canons navals anglesos de final del segle XVIII. Tanmateix, el calibre de les peces, l'aparença i la curenya que sustenta les peces de ferro són molt similars als que hi havia a principi del segle XVIII. Pel que fa als canons, buscarem informació que ens permeti distingir entre els canons de ferro i els canons de bronze. Estudiarem també els diferents tipus de munició que disparaven: bales rígides i pots de metralla. Treballarem també el que eren els morters, que disparaven en tir parabòlic, i la munició que disparaven: les bombes o granades explosives.

I a més a més...

Buscarem a la xarxa imatges, fotogràfiques o cinètiques, referents als canons de l'època. Cal destacar que les muralles de Dalt Vila, a Eivissa, també tenen baluards artillats.

Recursos

CÁMARA, A. (coord.) (2005): *Los ingenieros militares de la monarquia hispànica.* Madrid. Ministerio de Defensa.

CHANDLER, D. (1990): *The art of warfare in the age of Marlborough.* Nova York. Sarpedon Publishers.

58. Un palau a Barcelona

PS

Interès educatiu

Dins la trama urbana de la Barcelona de 1700 convivien diferents tipus d'habitatges: modestes cases mitgeres d'artesans, cases grans i palauets. El jaciment del Born és un espai interessant per il·lustrar i explicar els habitatges de l'època. La casa més interessant de la zona sud-est del jaciment del Born és l'anomenada casa Boxadors. La casa la va habitar la família Boxadors fins que en Joan Boxadors i Soler la va llogar als empresaris holandesos De Kyes i Jager.

Les excavacions arqueològiques visibles al Centre Cultural del Born ens permeten fer-nos una idea de les dimensions i la importància de la casa Boxadors en el moment en què es va enderrocar, però també copsar que és d'un edifici d'origen medieval que va perdurar durant tres centúries. El fet de que sigui un palau de grans dimensions ens ajuda en la tasca de reconstruir-ne l'estructura. A més, es disposa de tres inventaris *post mortem* que permeten saber quines estances i mobiliari tenia la casa a cada moment.

Planta del palau Boxadors. El Born de Barcelona

Activitat

Tant a l'ensenyament de primària com al secundari podem aproximar el caràcter del palau Boxadors de partir de tres elements. D'una banda, fotografies del conjunt arqueològic; de l'altra, la planta de les restes arqueològiques, i finalment la informació dels tres inventaris *post mortem* que han estat recollits i comentats per Albert García Espuche. A partir d'aquesta informació els alumnes hauran de situar, damunt el plànol de la planta baixa, què és el que es feia a cadascuna de les dependències: On era el pati? On es guardaven els carruatges? A quin lloc hi havia la quadra? On arrencava l'escala? On era el pou? Quin espai correspon a la taverna? On era la cuina de bugades? D'igual manera i a partir d'una extrapolació del plànol de la planta baixa podem fer hipòtesis sobre els usos dels espais de les dues plantes superiors.

I a més a més...

Les restes arqueològiques del Centre Cultural del Born permeten aproximar-se a molts tipus d'habitatge diferents. La visita directa o la consulta de les memòries arqueològiques, disponibles a la xarxa, poden ser útils per plantejar-se un treball sobre l'habitatge a principi del segle XVIII. Si optem per fer una visita al centre cal tenir present que la institució ofereix tallers que expliquen amb un cert detall les característiques de la casa Boxadors.

Recursos

- Els fragments de testaments *post mortem* de la casa Boxadors i altres es poden trobar al llibre: GARCÍA ESPUCHE, A. (2009): *La ciutat del Born.* Barcelona. Ajuntament de Barcelona.
- *Carta arqueològica.* <http://cartaarqueologica.bcn.cat/Docs/339/2010_12_03_18_01_17_Memòria 074-05.pdf>.

59. La Barcelona de 1714

P S

Interès educatiu

La possibilitat de recórrer directament els escenaris emblemàtics de la Barcelona de l'11 de setembre esdevé una activitat útil per aproximar-nos als fets. És una activitat similar al coneixement de la ciutat del XVIII però, en aquest cas, tot i que hi ha espais comuns, ens centrem de manera exclusiva en les zones de conflicte. Hi ha més de 40 indrets prou significatius a Barcelona vinculats a la Guerra de Successió o que ens permeten evocar-la. És obvi que és impossible veure'ls tots i, per aquest motiu, cal seleccionar els escenaris més significatius: el Pla de Palau, baluard de Migdia, el Fossar de les Moreres, Santa Maria del Mar, el Born i el parc de la Ciutadella.

Trepitjar els escenaris de qualsevol fet històric implica interès i contacte directe amb el passat. Les rutes patrimonials són un bon recurs educatiu si ens volem aproximar als fets del passat d'una manera més experimental, ja que podem ajudar Els nois i noies a traslladar-se en el temps i a imaginar com es deuria haver viscut un determinat moment històric. A més a més, ens permet parlar d'espais de memòria més o menys monumentalitzats. Tot plegat ens obre moltes possibilitats didàctiques, ja que podem dissenyar diferents rutes en funció del que estiguem estudiant. En l'activitat que ens ocupa, l'objectiu fonamental és descobrir els principals espais emblemàtics del setge de la ciutat de Barcelona.

Activitat

L'activitat pretén portar els alumnes a una vivència en espais històrics i de memòria per conèixer què va passar el 1714 i quines van ser les conseqüències. És tracta d'una activitat que es pot ajustar tant a l'alumnat de primària com al de secundària; depèn del grau de profunditat amb què es treballin els espais i els continguts relacionats. Per fer la ruta, tenim diverses opcions; la primera de totes és traslladar-nos als espais i seguir l'ordre proposat: Pla de Palau i baluard de Migdia, el Fossar de les Moreres, Santa Maria del Mar, el Born CC i el Parc de la Ciutadella. Els diferents punts de parada són pròxims els uns als altres i, per tant, amb una passejada d'una hora i trenta minuts o dues hores es pot fer perfectament. Per poder fer la ruta, podem preparar-la a l'aula tot explicant què va passar durant la Guerra de Successió i com va viure la ciutat de Barcelona el setge. Podem parlar també, òbviament, de l'Onze de Setembre i de la Diada Nacional. Si aquests conceptes els hem treballat prèviament, després serà més fàcil aproximar els alumnes als llocs de memòria.

I a més a més...

La ruta la poden organitzar directament els docents; tanmateix, també hi ha visites guiades per la Barcelona de 1714. El Born CC ofereix activitats per a primària i secundària vinculades a 1714. El Museu d'Història de Catalunya (MHC) també té una ruta per la Barcelona de 1714 adreçada especialment a secundària i el Museu d'Història de la Ciutat de Barcelona (MHUBA), també.

Una altra opció de fer la ruta és fent amb els alumnes un blog o una wiki que reculli els diferents escenaris. Es pot dividir la classe en diversos grups petits i fer que cada grup sigui el responsable de recollir informació sobre els diversos espais i, després, configurar entre tots el blog o la wiki. Fins i tot pot ser una bona proposta, després de l'elaboració d'aquest treball, fer la ruta amb els alumnes i que cada grup sigui el responsable de fer de guia i explicar el seu espai a la resta de la classe.

També tenim altres opcions, com ara organitzar la ruta (ja sigui *in situ* o amb treball en línia) a partir dels personatges que estan vinculats als diversos espais. En aquest cas, hauríem de parlar de Frederic Soler Pitarra al Fossar de les Moreres i el seu poema, Carles III a Santa Maria del Mar, de Pròsper de Verboom per la construcció de la Ciutadella, Moragues al portal del Mar, etc.

Recursos

- *Born CC.*
  <http://elborncentrecultural.bcn.cat/ca>.
  Aquest equipament ens permet, a més a més, desenvolupar la Ruta 1714. Una ruta per més de 40 espais de la ciutat de Barcelona vinculats a la Guerra de Successió. Des del propi web es pot descarregar el fullet de la ruta i accedir al mapa amb els punts localitzats i informació de cada apartat, que pot ser un bon recurs per treballar a l'aula.
- *MHC.*
  <www.mhcat.cat>.
- *MHUBA.*
  <http://museuhistoria.bcn.cat>.

60. Camps de batalla: Talamanca **S**

Interès educatiu

La Guerra de Successió a Catalunya es va lliurar en múltiples escenaris. Hi va haver setges a Barcelona, Tortosa, Lleida, Balaguer, Girona..., i també hi va haver batalles a camp obert: Torredembarra, Almenar, Prats de Rei, Arbúcies, Talamanca. De moltes d'aquestes batalles se'n conserva prou documentació com per saber què va passar i a on, i en molts casos l'estudi i descoberta del camp de batalla esdevé una opció interessant. A Talamanca, el 13 d'agost de 1714, les tropes catalanes del marquès de Poal es van enfrontar amb les forces borbòniques del conde de Montemar. Els catalans van vèncer i van obligar l'enemic a retirar-se en direcció a Sabadell. Aquesta victòria va ser la darrera obtinguda per un exèrcit català.

El camp de batalla de Talamanca conserva una integritat notable. D'altra banda, hi ha fonts primàries, les cartes del marquès de Poal, que permeten fer hipòtesis molt plausibles respecte de com van ser i com van anar els combats. El camp de batalla va ser el primer que es va excavar i, per tant, hi ha documentació arqueològica que va permetre validar les informacions que havia donat el marquès de Poal. Finalment, cal tenir present que al castell de Talamanca hi ha un petit centre d'interpretació amb un audiovisual que permet fer-se una idea molt completa de com va anar la batalla. L'interès del lloc ve reforçat pel fet que existeix bibliografia assequible i recreacions en 3D del camp de batalla.

Placa en memòria de la batalla de Talamanca

Activitat

Proposem estudiar la batalla de Talamanca i l'indret on es va desenvolupar. Una opció consisteix a desplaçar-se a Talamanca, visitar el centre d'interpretació, guaitar el camp de batalla des del mirador del castell i baixar fins la riera per veure de prop la zona dels combats. Tanmateix, si aquest desplaçament no és possible també podem estudiar la confrontació de manera indirecta. En qualsevol cas caldrà abans de res situar Talamanca al mapa. Tot seguit podem llegir i analitzar les cartes del marquès de Poal on explica la batalla. A continuació podem visualitzar el vídeo 3D elaborat per la Universitat de Barcelona que mostra el possible moviment de les tropes en funció de les descripcions de Poal i segons la localització de materials arqueològics. A partir de mapes podrem traçar el desplegament dels dos exèrcits. També podem analitzar en línia els materials arqueològics localitzats en l'excavació i el mètode d'investigació que es va fer servir. Aquestes activitats les podem fer amb la visita i la identificació dels llocs *in situ*. Podem cloure el procés redactant un informe o elaborant un pòster descriptiu sobre la batalla.

I a més a més...

A banda del camp de batalla de Talamanca n'hi ha d'altres que també es poden treballar. El camp de batalla d'Almenar conserva encara una aparença similar de la que tenia el 1710 i té una monografia molt bona i una cartografia didàctica excel·lent, accessibles des de la xarxa. El camp de batalla de Prats de Rei, de 1711, també és del tot impressionant; podem visitar l'espectacular torre medieval de la Manresana, allà on el mariscal Starhemberg, cap de les forces aliades va establir el seu lloc de comandament. D'altra banda el museu municipal Josep Castella Real té nombroses peces i documents relacionats amb la batalla. Cal tenir present que la batalla va ser de posicions i llarguíssima, es va estendre durant gairebé tres mesos i van combatre més de 25.000 soldats per a cadascun dels bàndols. Un altre combat interessant va ser el d'Arbúcies, que va enfrontar civils del sometent contra l'exèrcit borbònic. El Museu de la Gabella d'Arbúcies presenta materials per explicar aquest singular enfrontament.

Recursos

- Per a una síntesi de la batalla de Talamanca tenint en compte la informació arqueològica, vegeu: HERNÁNDEZ, F.X.; RUBIO, X. (2009). *Talamanca, arqueologia d'una batalla.* Calafell. Llibres de Matrícula.
  <www.academia.edu/351712/Talamanca_1714._Arqueologia_d_una_batalla>.
- Per a la batalla d'Almenar, vegeu:
  RUBIO. X. (2008). *Almenar, una victòria anglesa a Catalunya.* Calafell. Llibres de Matrícula.
- Recreació 3D de la batalla de Talamanca:
  <www.guerradesuccessio.cat/bat_talamanca_08.html>.
- Sobre camps de batalla diversos: <www.guerradesuccessio.cat/02batalles.html>.

61. Museus i monuments de la Catalunya de 1714

P **S**

Interès educatiu

La Guerra de Successió va afectar tot Catalunya durant molts anys i al llarg del territori hi ha espais significatius per la seva importància històrica o de memòria. Alguns d'aquests llocs tenen museus o són monuments museïtzats. Entre els més significatius tindríem el castell de Cardona, la Casa Museu Rafael Casanova de Moià i Can Barraquer-Museu de Sant Boi. L'aproximació directa als espais patrimonials sempre té un gran potencial educatiu ja que ajuda l'alumnat a prendre una consciència més global dels fets i també els permet imaginar-se el passat d'una manera més experimental.

Activitat

Es proposa una descoberta, és a dir, una visita, d'alguns d'aquests llocs que s'haurà d'ajustar als alumnes de primària o secundària. El castell de Cardona és un espai impressionant que mostra una superposició interessant de diferents moments dels sistemes de fortificació. El conjunt manté el mateix

Castell de Cardona

aspecte que presentava durant la Guerra de Successió. Malauradament, la fortalesa no presenta cap proposta de museïtzació; en aquest sentit únicament es poden visitar les estructures constructives. La visita es pot contextualitzar, però, amb cartografia històrica (molt abundant), i amb algunes produccions audiovisuals. La Casa Casanova de Moià és un museu ubicat a la casa dels Casanova. Mostra mobiliari de l'època, documents i museografia amb relació a Rafael Casanova i la Guerra de Successió. Can Barraquer de Sant Boi és la darrera casa on va viure Rafael Casanova i és seu del Museu de Sant Boi; una part de l'exposició permanent està dedicada a Rafael Casanova i en destaquen les escenografies didàctiques que mostren el compromís del conseller en la defensa de Barcelona i de les llibertats catalanes.

I a més a més...

A Catalunya també hi ha altres museus i també centres d'interpretació que contenen elements relacionats amb la Guerra de Successió; entre els més significatius, el Museu Josep Castellà Real dels Prats de Rei, amb nombroses peces de la batalla, el Centre d'Interpretació de la Batalla de Talamanca, amb una molt bona proposta audiovisual, o el Museu de la Gabella d'Arbúcies, amb una exposició sobre el combat d'Arbúcies. Si la visita en directe no és possible, paga la pena, en qualsevol cas, donar a conèixer aquests espais a partir d'imatges i descripcions.

Recursos

- *Els escenaris que formen part de la Ruta 1714.*
  <www.ruta1714.cat/escenaris/>.
  SERRA, F. (2010): *Catalunya 1714. Un viatge als escenaris de la Guerra de Successió i als temps del barroc.* Barcelona. Generalitat de Catalunya.
  <www.gencat.cat/diue/doc/doc_85367942_1.pdf>.
- *Casa Museu Rafael Casanova.*
  <www.mhcat.cat/monuments/casa_museu_rafael_casanova>.
- *Museu de Sant Boi de Llobregat.*
  <www.museusantboi.cat/exhibitions/rafael-casanova-i-el-seu-temps>.
- *Castell de Cardona. Cardona Turisme.*
  <http://cardonaturisme.cat/ca/visita-cardona/castell/>.

62. Ruta Catalunya 1714

P S

Interès educatiu

La Ruta 1714, impulsada pel Museu d'Història de Catalunya, posa en valor espais de la Guerra de Successió com ara el castell de Cardona, la Seu Vella de Lleida, la Universitat de Cervera, la Casa Museu Rafael Casanova de Moià, la Torre de la Manresana a Prats de Rei, Can Barraquer i la tomba de Rafael Casanova a Sant Boi de Llobregat i l'ermita de Sant Sebastià de Santa Eulàlia de Riuprimer. Alguns webs, com el del Museu Virtual de la Guerra de Successió, proposen també una selecció àmplia de llocs. Tanmateix i més enllà de les propostes, hi ha molts altres llocs que són poc coneguts o que estan en procés de recuperació. Així, els escenaris del combat d'Arbúcies, de l'atac de Caldes, del setge de Sallent, de la massacre de Ginebret, del Santuari de la Gleva, de Castellví de Rosanes, dels combats d'Arenys, Canet i Sant Pol, de la matança de Sant Quintí de Mediona, o les fortificacions de Castellciutat i Berga, les bateries del Passeig Arqueològic de Tarragona, el castells de Sant Martí Sarroca i Castellvell, etc., també són punts d'indubtable i significatiu interès.

Activitat

El coneixement del patrimoni no necessàriament implica presència o contacte físic. Podem conèixer o aproximar-nos al patrimoni a partir d'altres estratègies. En aquest cas i per fer una primera tasca d'aproximació al conjunt del patrimoni català d'aquest període es proposa una activitat que porti l'alumnat a descobrir indrets vinculats a la Guerra de Successió. Es proposa una descoberta utilitzant les TIC, el Google Maps i Google Earth per a podernos acostar d'una manera més còmoda a aquests espais. Així doncs, cal dividir els alumnes en petits grups i cadascun d'aquests s'ocupa de la documentació d'un dels monuments o escenaris. Més tard, es posa en comú tota la documentació amb el grup classe i entre tots es confegeix un blog o una wiki. Cal que els mestres o professors organitzin la informació a publicar a partir d'una plantilla que serveixi a tots els grups i que els ajudi a sistematitzar la informació trobada. A tall d'exemple, per a cada objecte us proposem: introducció (on s'expliqui quin indret és); relació amb la Guerra de Successió (on s'exposi per què és important aquest lloc o monument);

Santuari de la Mare de Déu de la Gleva

vinculació amb altres indrets (on s'expliqui amb quins altres llocs el podem relacionar o fins i tot espais de la mateixa contrada que puguin ser d'interès); personatges destacats (on s'exposin aquells personatges que estan relacionats amb el monument en qüestió). És important que a l'hora de crear la wiki o el blog fem servir fotografies dels espais i, en aquest cas, us proposem que animeu l'alumnat a contactar amb escoles d'altres zones per tal de demanar imatges.

I a més a més...

Entitats i institucions diverses també s'han dedicat a reivindicar i recuperar els escenaris de la Guerra de Successió. Així, la Federació d'Entitats Excursionistes de Catalunya impulsa «Senders del 1714» una ruta a peu per senders que uneix 10 escenaris significatius de la Guerra de Successió.

Una altra possibilitat didàctica consisteix a imaginar altres rutes a partir de fets importants que succeeixen en aquest moment.

Recursos

SERRA, F. (2010): *Catalunya 1714. Un viatge als escenaris de la Guerra de Successió i als temps del barroc.* Barcelona. Generalitat de Catalunya. <www.gencat.cat/diue/doc/doc_85367942_1.pdf>.

- *Què és la Ruta 1714.* <www.ruta1714.cat/ruta-1714/que-es-la-ruta-1714/>.
- *El patrimoni. Museu Virtual de la Guerra de Successió.* <www.guerradesuccessio.cat/05patrimoni.html>.
- *Senders del 1714.* <http://tricentenari.gencat.cat/ca/agenda/activitatcontent/Senders-del-1714/>.

63. El jaciment del Born

P S

Interès educatiu

El jaciment del Born està ubicat al Centre Cultural del Born de Barcelona. El subsòl del Mercat del Born va ser excavat a principi del segle XXI i van sortir a la llum les restes de la ciutat del segle XVIII. Tot el sector que formava part de l'anomenada Vilanova del Mar va patir la duresa dels setges de 1697 i de 1713-1714. En acabar la guerra el barri es va començar a refer, però de seguida va arribar l'ordre de destrucció. Els militars espanyols van decidir construir una gran Ciutadella per controlar la ciutat; de resultes d'això, més de mil cases van ser tirades a terra entre el 1716 i el 1718. Això és precisament el que es pot veure al Born, un barri destruït en el context de la gegantina operació repressiva que va suposar la construcció de la Ciutadella.

Activitat

La visita al Born permet contemplar les restes arqueològiques i a partir d'elles fer-se una idea de com era la ciutat de principi del segle XVIII. El conjunt arqueològic és d'una gran extensió, depassa els 8.000m^2. La visualització de les restes es pot efectuar des de dalt de les plataformes que, a nivell de

Restes arqueològiques al Born de Barcelona

carrer, defineixen els espais de circulació del Born. El Centre Cultural també té una exposició didàctica, *Donec Perficiam*, que explica el setge de Barcelona i la batalla de l'11 de setembre de 1714. L'exposició presenta audiovisuals i peces singulars, com un fragment de la bandera de Santa Eulàlia. Una segona exposició, *De les pedres a les persones*, exhibeix una mostra prou significativa dels materials arqueològics mobles recuperats: objectes ceràmics, de vidre i diversos. També hi ha una gran maqueta que permet que ens aproximem a com era la Barcelona de 1714. La visita al Born resulta interessant en tant que permet aproximar la ciutat de principis del 700 a partir de la interpretació d'estructures i restes arqueològiques diverses.

I a més a més...

El Born és una zona de lliure accés, però les escoles han de notificar les visites. Hi ha un servei educatiu que acompanya, i guia, les visites a totes dues exposicions i també assumeix l'explicació de les restes arqueològiques des de dalt de la plataforma. Hi ha visites guiades més completes que s'efectuen amb el suport d'estacions d'interpretació didàctiques. Hi ha la possibilitat de contractar tallers didàctics per a primària i secundària, tallers que s'executen en el mateix recinte o en aules. Els serveis educatius també organitzen visites directament sobre les restes arqueològiques per als alumnes de secundària i grups molt reduïts. Cal destacar, finalment, que el web de serveis educatius del Born Centre Cultural ofereix la possibilitat d'aconseguir materials didàctics diversos que proposen activitats. Aquests materials estan en relació amb les activitats dels serveis educatius.

Recursos

- Les memòries arqueològiques les trobareu a: <http://cartaarqueologica.bcn.cat/Docs/339/2010_12_03_18_01_17_Memòria 074-05.pdf>.
- Sobre els serveis i materials educatius del Born CC, vegeu: <http://elborncentrecultural.bcn.cat/ca/node/266>.

64. L'exposició «Donec Perficiam» P S

Interès educatiu

El setge de Barcelona de 1713-1714 va ser un fet històric, polític i social, però també, sobretot, un fet militar. Estudiar i conèixer els fet militars vinculats al setge esdevé, doncs, una opció congruent. Per tal d'aproximarnos als fets bèl·lics proposem la visita a l'exposició «Donec Perficiam. El setge de Barcelona», del Born Centre Cultural. La consigna «Donec Perficiam» era del regiment de Guàrdies Catalanes, la unitat de confiança del rei Carles III. Vol dir 'fins que ho aconseguim' i indicava la voluntat de maldar en els esforços fins a aconseguir la victòria. L'exposició ocupa uns $500m^2$ i està plantejada com una exposició didàctica. Disposa de diferents escenografies que evoquen la Junta de Braços, el constitucionalisme català, els enginyers militars, les figures de Casanova i Villarroel i la mobilització de la Coronela. L'exposició mostra una peça excepcional: un fragment d'una bandera de Santa Eulàlia, coetània dels fets, que podria haver estat la que va presidir el contraatac de Rafael Casanova. L'exposició inclou nombrosos sistemes interactius informàtics i també tres audiovisuals espectaculars. Un es dedica a ex-

Exposició «Donec Perficiam» ('Fins aconseguir-ho')

plicar la mobilització militar de Barcelona i Catalunya; el segon, elaborat a partir d'un 3D, ens mostra l'evolució del setge i les diferents fases de la batalla final, i, finalment, hi ha també un audiovisual envoltant que ens situa enmig dels combats de l'11 de setembre. L'exposició clou amb un altre audiovisual, que se centra en l'explicació de les conseqüències de la derrota.

Activitat

Per fer la visita a l'exposició cal contactar amb els serveis educatius del Born Centre Cultural. Hi ha visites per a primària i per a secundària. Hi ha la possibilitat que els educadors del centre en facin l'explicació. La proposta no presenta problemes de circulació, ja que el recorregut és molt lineal. Caldrà parar especial atenció a l'audiovisual central, que és el que mostra l'evolució del setge i de la batalla, i també a l'audiovisual de l'entorn immersiu. L'observació del fragment que es conserva de la bandera de Santa Eulàlia mereix una atenció especial. Els alumnes poden prendre notes i fer fotografies dels espais que considerin més adients. Els serveis educatius del Born disposen de materials didàctics per treballar, abans o després, els tòpics de l'exposició.

I a més a més...

El Born Centre Cultural organitza els caps de setmana visites temàtiques per mostrar quins van ser els escenaris de la batalla de l'11 de setembre.

L'entrada de l'exposició mostra una recreació actualitzada de base fotogràfica, del quadre tradicional d'Antoni Estruch, *L'Onze de Setembre*. Resulta interessant comparar totes dues imatges, atès que la darrera versió ens dóna una imatge de la batalla més congruent amb la dimensió militar d'aquesta. El dibuix actualitzat està comercialitzat per Rafael Dalmau, editor.

Recursos

- *Born Centre Cultural.* <http://elborncentrecultural.bcn.cat/ca/node/270>.
- PONGILUPPI, G.H.; HERNÁNDEZ, F.X. (2012): *Barcelona 1714. El setge. Barcelona.* Editorial Cossetània.
- <www.guillemhp.com/2013/09/11/11-de-setembre-de-1714-reconstruccio/>.
- *Rafael Dalmau, Editor.* <www.rafaeldalmaueditor.cat/coleccions.php?col=2406>.
- CASALS, J.R.; HERNÁNDEZ, F.X.; PONGILUPPI, G.H. (2014): *El Born 1714. Memòria de Barcelona.* Barcelona. Editorial Angle.

Bloc 7.
Fonts secundàries: els mapes

65. Una guerra d'Europa i del món P S

Interès educatiu

La Guerra de Successió espanyola va ser un dels conflictes globals més importants de la història moderna d'Europa. L'objectiu de la confrontació era al capdavall dominar espais i recursos estratègics. En aquest sentit estudiar una guerra mundial que es va centrar sobretot en els escenaris europeus exigirà una aproximació geogràfica i cartogràfica. Per entendre la Guerra de Successió cal, d'entrada, situar els contendents als espais geogràfics que els eren propis i, en aquest sentit, hem de treballar mapes que ens mostrin els diferents països enfrontats durant la Guerra de Successió. Si triem un mapa que mostri la situació el 1705 tindrem plenament definits tots dos bàndols, atès que, a la península Ibèrica, els estats d'Aragó i Portugal, lleials a Carles, combatien contra Castella, lleial a Felip d'Anjou.

Activitat

L'activitat proposa un joc d'identificació de territoris i de personatges mitjançant la confecció d'un mapa d'Europa. Es tracta d'una proposta que es pot realitzar indistintament per a alumnes de primària o secundària. Dibuixarem un mapa amb els territoris europeus que varen prendre part en el conflicte. Farem una cerca dels principals personatges de cadascun dels països i nacions a la *Viquipèdia*, els retallarem i els col·locarem damunt de cadascun dels territoris. En fitxes retallables en col·locarem el nom i

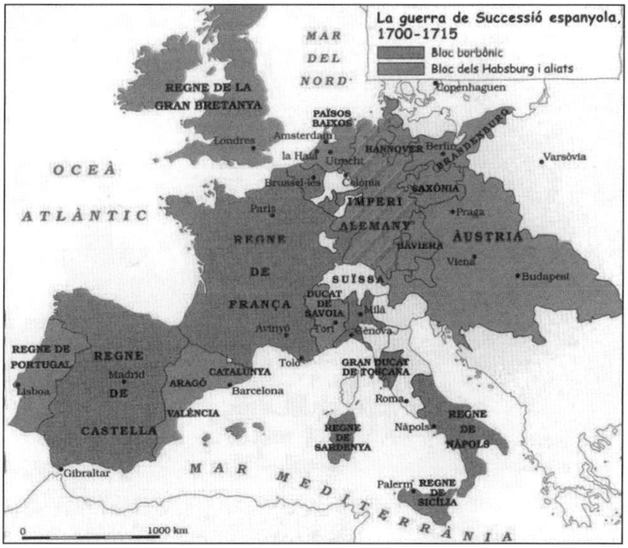

Enfrontament europeu a la Guerra de Successió

càrrec, per tal de situar-los allà on els correspongui una vegada identificats correctament.

Finalment podem comparar la situació d'aquests territoris amb la que tenen actualment, i mirarem d'explicar quina ha estat l'evolució que han tingut des d'aleshores. Si bé sobre Catalunya aquest és un procediment fàcil, cal que també valorem què ha passat en 300 anys a Portugal, Savoia, Holanda, Anglaterra, els Estats Vaticans, Polònia...

I a més a més...

El treball sobre un mapa mut pot ser molt divers. Podem pintar els diferents bàndols, aliats i dues corones, amb colors diferents. Podem localitzar banderes i imatges de monedes i associar-les a cadascun dels territoris. Podem localitzar les principals batalles que es van donar a Europa i assenyalar-les damunt el mapa.

Recursos

- *El conflicte. Introducció. Museu Virtual de la Guerra de Successió (1702-1714).* <www.guerradesuccessio.cat/01conflicte.html>.
- *Vídeo d'animació de les raons de la Guerra de Successió.* <www.youtube.com/watch?v=3yMOTT7Ugd8>.

66. L'Europa d'Utrecht

S

Interès educatiu

La Guerra de Successió espanyola es va descabdellar durant anys i sovint els aliats van estar a punt de guanyar militarment el conflicte. Tanmateix, els costos de la guerra van ser enormes i van malmetre l'economia de França i també la de la Gran Bretanya, que va abocar una gran quantitat de recursos al conflicte. La situació d'empat tècnic militar es va trencar, però, amb la mort de Josep I d'Àustria. Carles III n'esdevingué l'hereu i això implicava que Àustria podia quedar-se directament amb tot l'Imperi espanyol si els aliats guanyaven la guerra. Aquesta perspectiva tampoc era volguda pels britànics, que, juntament amb els holandesos, es van apressar a buscar la pau en les llargues converses d'Utrecht. Tot i que Àustria no va participar en les converses, ni en va acceptar els resultats, la decisió de la Gran Bretanya de liquidar la guerra es va imposar i, com a conseqüència, el mapa d'Europa va canviar. Gran Bretanya es va quedar Gibraltar i Menorca va obtenir avantatges comercials a Amèrica. França i Holanda van fer reajustaments de fronteres. Felip V va haver de renunciar a assolir la corona de França i Àustria va acabar controlant les possessions espanyoles a Flandes i Itàlia. Catalunya, com València i Aragó, van ser estats ocupats militarment per Felip V. El treball amb un mapa que reflecteixi els canvis provocats per les converses d'Utrecht ens permetrà estudiar amb més garanties el període.

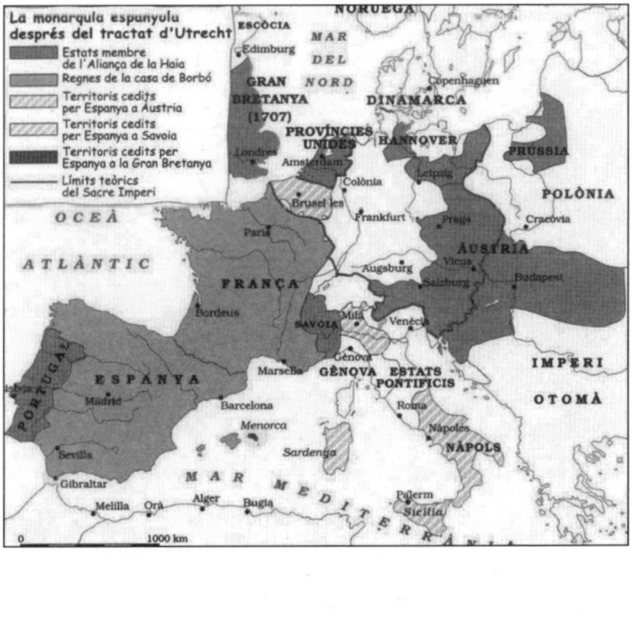

Europa després dels tractats d'Utrecht

Activitat

Donarem als alumnes de secundària, un mapa mut amb la divisió territorial que va ser propiciada pels tractats d'Utrecht. Acolorirem cada potència i en valorarem pèrdues i guanys territorials. Constatarem la desaparició dels estats d'Aragó que van ser incorporats a la corona espanyola. Aquest nou mapa el compararem de manera sistemàtica amb el de 1705, quan la Guerra de Successió encara estava en una etapa inicial. Redactarem una llista amb els avantatges i les pèrdues que van patir els distints contendents.

I a més a més...

Sobre la diplomàcia del moment podem seguir el testimoni de l'ambaixador Dalmases, que va pugnar fins al darrer moment per defensar els interessos de Catalunya. Podem treballar també el fet que la decisió britànica de pactar va comportar la vulneració del pacte de Gènova.

Per entendre la posició britànica resulta interessant contrastar els costos de la guerra i dels punts de vista i interessos dels partidaris de la pau en aquell país.

Recursos

- *El conflicte. Introducció. Museu Virtual de la Guerra de Successió (1702-1714).* <www.guerradesuccessio.cat/01conflicte.html>.
- *Vídeo animació de les raons de la Guerra de Successió.* <www.youtube.com/watch?v=3yMOTT7Ugd8>.
- Per entendre l'opció britànica, vegeu:
  RUBIO, X. (ed.) (2010): *God save Catalonia.* Calafell. Llibres de Matrícula.
  <www.academia.edu/579759/GOD_SAVE_CATALONIA_Englands_intervention_in_Catalonia_during_the_War_of_the_Spanish_Succession>.

67. Població de la Catalunya de 1700

P S

Interès educatiu

La població de Catalunya al tombant del segle XVII-XVIII s'aproximava al mig milió d'habitants. La seva composició era fonamentalment catalana, formada per les aportacions, damunt el substrat iber, de grecs, romans, jueus, gots, andalusins, francs...

La demografia és una ciència que ens ajuda a comprendre l'entorn humà que ens envolta. Saber l'origen de la població, distribució i densitat, etc., ens proporciona una informació molt valuosa dels matisos de la fotografia d'una població en un moment determinat.

Activitat

Proposem confegir un mapa aproximat de la densitat de les comarques catalanes el 1717 i comparar-lo amb un mapa de densitats actual; per tant, utilitzarem els mateixos colors i magnituds. Es tracta d'una activitat que podem fer a secundària o en els darrers cursos de primària. El mapa serà aproximat atès que els censos que quantificaven persones no es van començar a generalitzar fins al final del segle XVIII. Fins llavors es feien fogatges, que comptaven focs o cases, i que donen una estimació aproximada de la població quan es multipliquen per quatre. Cal tenir present, també, que la divisió comarcal actual que agrupa diferents municipis no existia. Per tant, generarem un estudi aproximat amb la finalitat de comparar la densitat actual amb la de llavors. La llista de la població per comarques el 1717 la podem obtenir a partir de l'IDESCAT (*Evolució de la població de fet a Catalunya. Distribució per comarques*), i també a partir de l'IDESCAT podrem consultar les darreres dades censals.

I a més a més...

A partir de les dades de l'IDESCAT podem plantejar diferents tipus de gràfiques: una de global sobre l'evolució de la població a Catalunya des de 1717 i una que compari les principals ciutats en dos o tres moments històrics.

Recursos

- *IDESCAT:* <www.idescat.cat/>.

68. Les batalles a la península Ibèrica

S

Interès educatiu

La Guerra de Successió va ser un conflicte internacional que va tenir una dimensió específica a la península Ibèrica. Després de la proclamació de Carles III com a rei d'Espanya, Felip d'Anjou va assetjar Barcelona (3 d'abril de 1706), però els aliats els van fer retrocedir. Els aliats van aprofitar la victòria i van arribar a Madrid, però no s'hi van poder sostenir. L'exèrcit borbònic va reprendre la iniciativa i el 25 d'abril de 1707 guanyà en la batalla d'Almansa (Albacete), que va comportar la caiguda del País Valencià, de l'Aragó, Lleida (novembre 1707) i Tortosa (juliol 1708). Ara bé, les tropes austriacistes van derrotar l'exèrcit borbònic a Almenar (1710) i Saragossa (1710) i van entrar de nou a Madrid, però tampoc no s'hi van poder sostenir. A final de 1710 es van produir dues batalles cruentes: Brihuega (8 de desembre de 1710) i Villaviciosa (10 de desembre de 1710). Els aliats van haver de retirar-se a Catalunya, on es van fer forts i van aturar els filipistes a la batalla de Prats de Rei el desembre de 1711. Després, els fronts van ro-

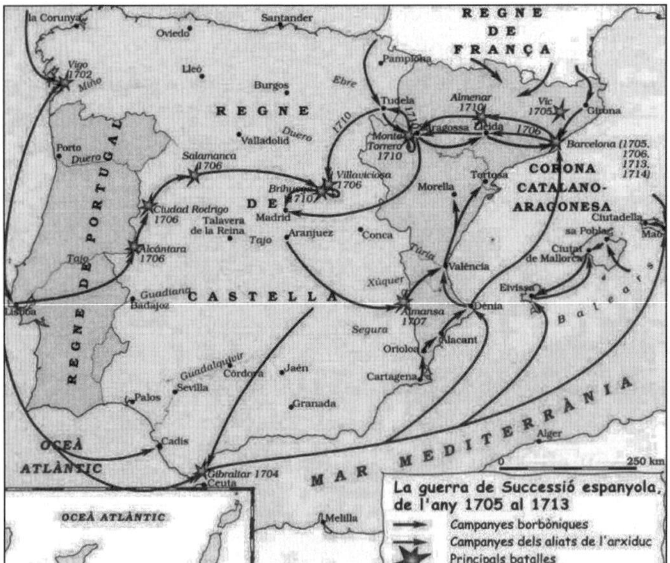

Campanyes militars a la península Ibèrica

mandre estabilitzats fins a la darrera campanya de 1713-1714. Per explicar aquest procés necessitem un mapa que mostri l'evolució dels diferents exèrcits i la ubicació dels camps de batalla.

Activitat

Proporcionem als alumnes un mapa de la península Ibèrica on apareguin les batalles i els itineraris dels exèrcits. Podem fer servir el de qualsevol atles. El mapa de l'atles de l'Editorial Teide és un dels més utilitzats. Comentarem globalment el mapa amb els alumnes i tot seguit els donarem un resum de les campanyes cronològicament ordenades a fi que vagin reconeixent les casuístiques damunt del mapa. Per tal de donar més profunditat al treball els podem demanar que localitzin plànols contemporanis o pintures d'època de les principals batalles. La majoria d'encontres estan ben cartografiats i són de fàcil localització a les biblioteques virtuals o a la *Viquipèdia*. Amb tot plegat podran organitzar un dossier de detall que podran comparar amb el mapa general.

I a més a més...

Els alumnes poden documentar-se sobre algunes de les batalles lliurades a la península Ibèrica i confegir un reportatge periodístic, i documentar l'existència de museus o actes singulars com ara recreacions com les que es realitzen a l'entorn de la batalla d'Almansa.

Recursos

- *Les batalles. Museu Virtual de la Guerra de Successió (1702-1714).* <www.guerradesuccessio.cat/02batalles.html>.
- *Batalles de la Guerra de Successió. 11 setembre 1714.* <www.11setembre1714.org/batalla.html>.
- *Cronologia de la Guerra de Successió. 11 setembre 1714.* <www.11setembre1714.org/cronos.html>.

69. Les batalles a les campanyes de Catalunya

S

Interès educatiu

La guerra a Catalunya va començar amb el desembarcament i l'atac a Barcelona per part dels aliats el 1705. El 1706 Barcelona va conèixer un paorós setge per part de les forces borbòniques comandades directament per Felip de Borbó. Els aliats van poder, però, rebutjar l'atac. Llavors la guerra es va allunyar per tornar a final de 1707, quan els filipistes van atacar Lleida i, després, el 1708, Tortosa. El 1710 a la gran batalla d'Almenar Carles va vèncer els borbònics i la guerra es va tornar a allunyar de Catalunya. El gener de 1711 els borbònics van ocupar Girona i a l'hivern del mateix any es va lliurar la batalla de Prats de Rei i el setge de Cardona. Després els fronts van quedar estabilitzats fins a la campanya de 1713-1714. Aquest conjunt de situacions les podem tractar a partir d'un mapa que sintetitzi els esdeveniments bèl·lics al Principat al llarg de tota la Guerra de Successió.

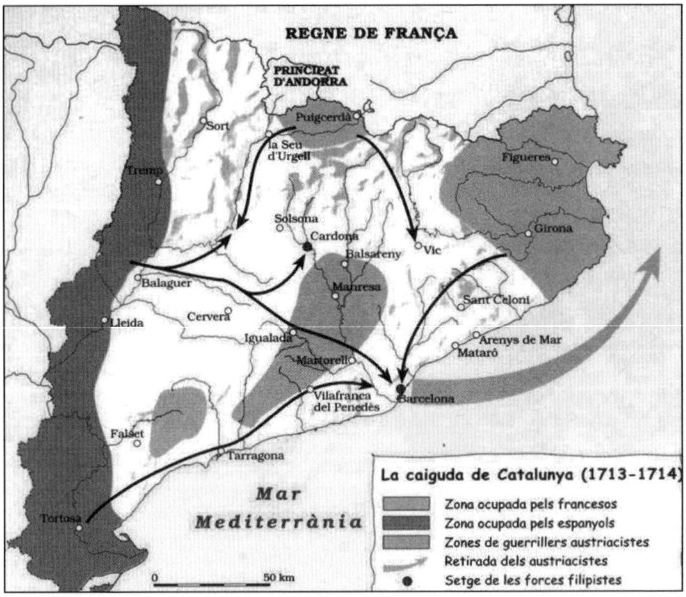

Campanyes militars a Catalunya

La cartografia temàtica de mapes històrics permet emmagatzemar en un espai molt reduït molta informació. Els alumnes han d'arribar a entendre que un mapa històric, concebut com a font secundària, és un dipòsit d'informació on es fan constar de manera ordenada molts coneixements aportats per les fonts primàries.

Activitat

L'activitat amb cartografia de mapes temàtics és més adequada per a secundària. Un mapa de síntesis ajudarà a situar globalment els fets. Utilitzarem un mapa de Catalunya on constin les principals batalles i setges, així com els moviments dels exèrcits. Podem fer servir el de qualsevol atles. El de l'atles de l'Editorial Teide és un dels més utilitzats. Comentarem globalment el mapa amb els alumnes i els proporcionarem un resum de les campanyes cronològicament ordenades a fi que vagin reconeixent els diferents moments i situacions reflectits al mapa. Per tal de donar més profunditat al treball els podem demanar que localitzin plànols contemporanis o pintures d'època de les principals batalles. Moltes de les batalles estan ben cartografiades i són de fàcil localització a les biblioteques virtuals de l'Institut Cartogràfic i Geològic de Catalunya, Gallica BNF o la Biblioteca de Catalunya. Amb els mapes aconseguits es pot organitzar un dossier de detall que podran comparar amb el mapa general.

I a més a més...

Els alumnes poden aprofundir, a partir de l'enllaç *www.guerradesuccessio.cat/02batalles.html*, en la recerca de les principals batalles de la guerra a Catalunya i redactar un diari com si d'un soldat es tractés, o bé escriure articles periodístics d'alguna de les batalles que més interessants han trobat i explicar-ne els motius. La batalla de Lleida la podem investigar a partir de l'enllaç *www.guerradesuccessio.cat/bat_lleida.html* i, a partir de la informació sobre els combats, la cartografia, el camp de batalla i les conseqüències, explicar com van succeir els fets.

Recursos

- *Les batalles. Museu Virtual de la Guerra de Successió (1702-1714).* <www.guerradesuccessio.cat/02batalles.html>.

70. L'assalt a Barcelona de l'11 de setembre

S

Interès educatiu

Els plànols coetanis d'un fet històric poden considerar-se una font primària, però no tots els plànols son fonts primàries. També hi ha cartografia d'un determinat fet històric que s'elabora a partir de la informació disponible. En aquest cas, la cartografia és una font secundària, que pot arribar a ser molt treballada i que pot subministrar informació que ajudi a comprendre un fet. No hi ha mapes coetanis que expliquin l'assalt de l'Onze de Setembre contra Barcelona. Tanmateix, sí que tenim fonts textuals primàries que expliquen amb detall quins sectors de la ciutat es van veure afectats i en quin moment. També disposem d'iconografia, com la de Rigaud, cronològicament propera als fets, que dóna una idea força aproximada del caràcter de l'assalt. Els historiadors del segle XIX i del segle XX, per tal de pal·liar aquesta mancança, van elaborar plànols que ajudaven a explicar la batalla, en què van fer constar la informació textual de la qual disposaven.

L'assalt de l'Onze de Setembre

Aquests plànols de l'assalt ens són útils per entendre el que va passar. Utilitzarem plànols basats en els que va confegir Santiago Albertí en el seu llibre *L'Onze de Setembre*, que han estat contínuament reutilitzats i replicats en llibres i atles diversos. Es tracta d'una opció precisa i molt útil. Cal destacar que les darreres reedicions de l'obra d'Albertí compten amb una cartografia notable (de Ròmul Brotons) i actualitzada que facilita la comprensió de la ciutat.

Activitat

Donem als alumnes els dos plànols de Santiago Albertí sobre l'assalt de l'11 de setembre; són plànols consecutius cronològicament. A banda, els podem donar un resum pautat de la batalla de tal manera que hagin d'anar correlacionant els textos que corresponen a les diferents fases amb els espais adequats en el plànol. També els podem lliurar el plànol mut a fi que el completin amb les llegendes oportunes. En qualsevol dels casos, una comparació posterior entre els plànols d'Albertí i la localització de l'espai en el plànol actual de la ciutat esdevé imprescindible.

I a més a més...

Si els alumnes tenen dificultats per interpretar mapes i plànols podem reforçar l'exercici o plantejar-lo a partir de vistes obliqües menys abstractes que la informació donada al mapa. En aquest cas s'aconsella utilitzar les vistes del llibre *Barcelona 1714. El setge*, de Guillem H. Pongiluppi i Xavier Hernàndez. Aquest treball té cartografia, però també vistes aèries obliqües dels principals llocs i moments de la batalla.

Recursos

ALBERTÍ, S. (1964): *L'Onze de Setembre*. Barcelona. Santiago Albertí Editor.

PONGILUPPI, G.H.; HERNÁNDEZ, F.X. (2012): *Barcelona 1714. El setge*. Barcelona. Angle Editorial.

Bloc 8.
Fonts secundàries:
fonts audiovisuals i literatura

71. Materials audiovisuals

S

Interès educatiu

En els darrers decennis, televisions públiques i privades han elaborat documentals sobre aspectes globals o parcials de la Guerra de Successió o la campanya catalana de 1713-1714. Tanmateix, cal destacar que les produccions són limitades i que les pel·lícules o sèries de ficció són inexistents o d'escassa qualitat. Per tant, les possibilitats de treball didàctic que se'n desprenen no tenen un horitzó massa clar. El docent haurà d'escollir allò que consideri més rellevant.

El documental del *Què Qui Com*, que versa sobre aspectes tecnocientífics aplicats a la Guerra de Successió, és un dels que pot resultar més interessants. El documental dedicat al setge de Cardona com a relat d'un episodi històric també té interès, així com el documental *Vèncer o morir*, que pren com a lema l'escudet que figurava en les gorres granaderes dels regiments catalans i que explica la vida quotidiana dels soldats del segle XVIII. Altres produccions com *Barcelona 1714*, produïda per KaBoGa Art & Films Creacions Audiovisuals desenvolupen històries de ficció ambientades en el context del setge de Barcelona.

Activitat

Per a qualsevol dels documentals a analitzar tindrem en compte les pautes bàsiques per orientar una observació: temàtica, aspectes que s'expliquen, llenguatge audiovisual que s'usa, etc. En general els materials existents són més adequats per a l'ensenyament secundari. Les possibilitats d'aprofitament són molt diverses. En el cas del documental del *Què Qui Com*, sobre aspectes tecnològics, podem plantejar preguntes a l'entorn de la lògica de les fortificacions del segle XVIII, el paper de les matemàtiques, les armes d'expugnació, el paper de l'artilleria, el desenvolupament de la sanitat, etc. Alguns dels aspectes els podrem tractar en paral·lel amb l'estudi i anàlisi de cartografia i gravats de l'època.

I a més a més...

La varietat de documentals i programes sobre el període penjats a la xarxa és extraordinari i van des del mític Dragui, produït als anys setanta, fins a les entrevistes i recursos audiovisuals generats en el context de la celebració del Tricentenari. Les possibilitats d'aprofitament, varien, lògicament, segons el tipus de documental. Pel que fa a les sèries televisives relacionades amb el període, són molt escasses i irrellevants des del punt de vista didàctic. Entre les produccions relacionades amb el Tricentenari cal destacar els espectaculars vídeos sobre el setge de Barcelona i sobre el combat de l'11 de setembre que es van realitzar per a l'exposició «Donec Perficiam» del Centre Cultural del Born de Barcelona.

Recursos

- *Relació d'audiovisuals considerats per l'XTEC.*
  <www.xtec.cat/web/centres/celebracions/2013/1714/audiovisuals>.
- *Web del Tricentenari.*
  <http://tricentenari.gencat.cat/ca/index.html>.
- *Llista audiovisual del Consorci per la Normalització Lingüística.*
  <http://blocs.cpnl.cat/catala1714/files/2013/11/ÀUDIOS-VÍDEOS-1714-odt-VERSIÓ-2.pdf>.
- *Què Qui Com. Ciència en guerra.*
  <www.tv3.cat/videos/4670992/1714-Ciencia-en-guerra>.
- *Québec History 4. The Fall of Huronia.*
  <www.youtube.com/watch?v=AGOGZimncR8&list=PL7CAF64659026F401>.
- *El setge de Cardona.*
  <www.tv3.cat/videos/4238530/1711-El-setge-de-Cardona>.
- *Sota Terra. Talamanca.*
  <www.tv3.cat/sotaterra/capitols/talamanca>.

72. Vídeos educatius **P** **S**

Interès educatiu

Els vídeos educatius sobre la Guerra de Successió amb interès educatiu o confegits explícitament amb intencionalitat didàctica són escassos. L'única iniciativa és una producció del Departament d'Ensenyament de la Generalitat de Catalunya, mitjançant l'XTEC. El producte forma part d'una proposta educativa adreçada a primària, secundària i batxillerat, i se centra en un vídeo d'uns 30 minuts que es pot visualitzar de manera independent a partir dels sis temes en els quals està organitzat: «La Catalunya del 1700», «Les Constitucions», «Una guerra mundial», «La guerra dels catalans», «L'Onze de Setembre» i «La memòria». Aquest total de sis vídeos temàtics de cinc minuts també es poden veure seguits. Cadascun dels episodis disposa d'activitats de comprensió del vídeo i de propostes desenvolupades en funció del nivell a què van adreçat. També hi ha unitats didàctiques vinculades a cadascun dels apartats.

Les produccions estan ambientades en el despatx de Francesc de Castellví, noble de Montblanc, membre del braç militar, que va ser capità

Audiovisuals educatius de l'XTEC

de la Coronela de Barcelona i que una vegada finada la guerra es va exiliar a Viena, on va redactar una completíssima història de la Guerra de Successió.

Activitat

El docent pot decidir quin dels vídeos vol treballar o si vol mostrar-los tots seguits. Els tres primers vídeos, amb temàtiques més concretes, estan pensats per a l'ensenyament primari; els tres darrers, que tracten aspectes més abstractes, per al secundari. Tanmateix, tots són comprensibles per a tots dos nivells. Les fraccions de cinc minuts són prou concretes i funcionals, però el vídeo sencer, de 30 minuts, tampoc no resulta excessiu. Tot plegat permet usos polivalents per motivar l'estudi del tema, com a síntesi, o per il·lustrar aspectes molt concrets. Els relats són prou àgils i, si el docent vol, pot disposar d'una guia de lectura i comprensió del vídeo.

I a més a més...

El Departament d'Ensenyament, a partir del portal XTEC disposa d'un apartat dedicat al Tricentenari («Audiovisuals»), on es poden trobar enllaços als més diversos productes d'interès educatiu relacionats. Des de l'apartat «Audiovisuals» es pot accedir als diferents documentals, programes televisius, series de dibuixos, etc., relacionats amb la Guerra de Successió.

Recursos

- *Activitats didàctiques del Departament.* <www.xtec.cat/web/centres/celebracions/2013/1714/infantiliprimaria>.
- *Recursos de la XTEC sobre Guerra de Successió / 11 de setembre de 1714.* <www.xtec.cat/web/centres/celebracions/2013/1714/audiovisuals>.

73. Propostes 3D

P S

Interès educatiu

La visualització d'un determinat espai d'altre temps en tres dimensions esdevé una experiència interessant que permet copsar les característiques del lloc i el seu aspecte. Els 3D permeten donar diversos punts de vista especialment útils quan són des de posicions elevades i en perspectiva obliqua. Les propostes 3D sobre la Guerra de Successió i el setge de Barcelona són escasses. Hi ha algunes experiències ja antiquades sobre el Born. La visual més interessant és la realitzada pel grup de recerca DIDPATRI, que ha servit com a base a diferents propostes bibliogràfiques i audiovisuals. Es tracta d'una aproximació aèria obliqua a la zona de llevant de Barcelona, la més compromesa amb el setge. El mateix grup de recerca va elaborar també una animació en 3D de la batalla de Talamanca.

Activitat

Proposem visualitzar els diferents 3D existents sobre la Guerra de Successió i de manera especial els que va elaborar el grup de recerca DIDPATRI sobre les muralles i zona de llevant de Barcelona. La visualització i consideració d'aquests treballs la poden fer, indistintament, alumnes de primària i secundària. Els espais allà representats els compararem amb les imatges fixes que, basades en aquest 3D, es van redibuixar en el llibre de

Reconstrucció 3D de les muralles de Barcelona

Pongiluppi i Hernàndez sobre el setge de Barcelona, parant atenció als principals baluards i zones de la muralla barcelonina: baluards de Llevant, santa Clara, portal Nou i Sant Pere. Un cop hàgim establert les correlacions entre els espais representats procedirem a comparar la recreació d'època amb la situació actual dels barris actuals del casc antic de Barcelona. Això ho farem a partir del Google Earth activant la visió dels edificis en 3D. L'objectiu és situar en l'actualitat algunes de le zones que conserven encara el paisatge urbà de 1714: el passeig del Born i la zona de Santa Maria del Mar, l'entorn de Sant Pere de Puel·les i els carrers de la zona de l'antic convent de Sant Agustí Vell.

I a més a més...

L'aproximació 3D a la Barcelona de 1714 també es pot acompanyar amb la visualització de l'audiovisual del setge de 1713-1714 de l'exposició «Donec Perficiam» del Centre Cultural del Born de Barcelona.

Recursos

- *Recreació 3D de la Barcelona de 1714. Grup de recerca DIDPATRI.* <http://guerradesuccessio.cat/cartografia/bcn1714/muralles_bcn.mp4>.
- *Recreació 3D de la batalla de Talamanca. Grup de recerca DIDPATRI.* <http://guerradesuccessio.cat/cartografia/talamanca1714/video_batalla.mp4>.
- PONGILUPPI, G.H.; HERNÀNDEZ, F.X. (2012): *Barcelona 1714. El setge*. Barcelona. Angle Editorial.
- PONGILUPPI, G.H.; DURAN, J.A. *Barcelona 1713-1714.* Born Centre Cultural. Exposició «Donec Perficiam».

74. Un paisatge sonor

P **S**

Interès educatiu

Les fonts secundàries sobre un fet històric determinat es poden vehicular a partir del llenguatge escrit i a partir d'iconografia: llibres o articles de síntesis i il·lustracions sobre un fet. Tanmateix, es poden utilitzar altres llenguatges per evocar el passat i el factor sonor és un d'ells: música, cançons, sons. Un grup musical valencià, Al Tall, va produir el 1979 un disc de llarga durada anomenat *Quan el mal ve d'Almans*a, que té interès didàctic en tant que reflecteix un paisatge sonor molt comprensible de la Guerra de Successió.

Algunes de les cançons del disc d'Al Tall *Quan el mal ve d'Almansa* expliquen de manera molt clara i sintètica fets de la Guerra de Successió relatius al País Valencià però extrapolables també a Catalunya i al conjunt del conflicte. L'audició i anàlisi d'aquestes cançons esdevé una activitat interessant i inusual que també ens ajudarà a situar i conèixer fets de la Guerra de Successió.

Activitat

Del conjunt de cançons que componen el disc entenem que les més idònies són la número 4, «Romanç de cec», i la número 2, «Processó». Totes dues es poden treballar a primària i secundària. La cançó «Romanç de cec» explica de manera molt sintètica el devenir de la Guerra de Successió al País Valencià. La manera de treballar-la és facilitar, en primer lloc, l'audició de la peça i després subministrar el text i fer una bateria de preguntes sobre el significat d'allò que narra la cançó: inici de conflicte al País Valencià, posicionament institucional de Carles III, paper del general Basset, la batalla d'Almansa, la repressió, etc. D'igual manera, es poden treballar les cançons «La processó» i «Lladres»; alhora, també hi ha músiques suggeridores que evoquen el període: «Cant de Maulets» i «Albades». Atès que la lletra i els diversos vídeos d'interpretacions estan presents a la xarxa, també es pot plantejar aprendre alguna de les peces («Romanç de cec») i fer il·lustracions a l'estil de les auques de canya i cordill.

I a més a més...

El treball sobre paisatge sonor també es pot plantejar de manera proactiva i proposar als nois i noies la construcció d'un determinat paisatge sonor: un carrer d'una ciutat catalana del segle XVIII, una masia, el contraatac amb la bandera de Santa Eulàlia, etc. Es demana als alumnes que reprodueixin, parlin, localitzin, els sons propis que hi deuria haver en cadascun d'aquests llocs a fi de construir un paisatge sonor. També es pot plantejar que facin una cançó o un romanç sobre algun aspecte de la Guerra de Successió.

Recursos

- El disc d'Al Tall *Quan el mal ve d'Almansa* es pot aconseguir amb facilitat a través de la xarxa en la seva globalitat o per cançons aïllades. Les referències del disc són:
  AL TALL (1979). *Quan el mal ve d'Almansa.* Al Tall i Osvald Blanco. Segell Picap.
- *«Romanç de cec».*
  <www.youtube.com/watch?v=QDRwPj7A_bs>.
  FRECHINA, J.V. (2007). «El mal d'Alamansa, encara». *Blocs de Vilaweb* (25 d'abril).
  <http://blocs.mesvilaweb.cat/node/view/id/47833>.

75. Literatura infantil sobre el 1700

P

Interès educatiu

El treball sobre història es pot introduir a qualsevol edat i sense límits, i la via de la reflexió científica no està oposada a altres vies que explotin la imaginació dels infants. En aquest sentit potenciar la utilització de literatura de ficció en general i de contes infantils en particular esdevé una estratègia perfectament vàlida i útil per introduir o reflexionar sobre una temàtica. Els contes i relats destinats als més joves sobre la Guerra de Successió i l'Onze de Setembre són escassos però suficients, i el docent disposa de recursos per desenvolupar una iniciativa en aquest sentit.

Activitat

Es tracta d'oferir als infants la possibilitat d'aproximar-se a la literatura infantil disponible sobre la Catalunya de 1700 de manera lliure. Cal aportar-los els contes i que els mirin, llegeixin, comparteixin i se'ls expliquin entre ells i elles. També podem fer lectures i valoracions conjuntes. Posteriorment se'ls explicarà que s'han de fixar molt en els detalls per tal de conèixer com eren les coses abans, i remarcar aquells aspectes que mostrin temporalitat, és a dir, continuïtats i canvis en els aspectes de vida quotidiana que els infants puguin identificar.

Seguidament, se'ls convidarà a recrear la vida dels catalans i les catalanes del segle XVIII a partir dels aspectes de la vida quotidiana representant allò que han vist als contes.

Trons, canons i un estel, una mirada per als més petits sobre l'Onze de Setembre

I a més a més...

Una possibilitat d'explotació de la temàtica consisteix a crear un conte amb el conjunt del grup, procedint a fer els dibuixos oportuns. La complexitat d'aquestes activitats pot augmentar segons com es representin les escenes històriques i les dramatitzacions. En cursos més avançats de l'educació primària poden elaborar guions per a les dramatitzacions, crear històries cada cop més complexes i fins i tot representar-les davant dels infants més petits dels centres escolars. A més a més, es poden crear els decorats tipus murals i pensar en la indumentària.

Recursos

CLOTET, J.; BISBE, R. (2013): *La meva primera diada.* Barcelona. Estrella Polar.

CANYELLES, A.; CALAFELL, R. (2013): *L'Onze de Setembre.* Barcelona. La Galera.

GARCIA, D.; BROCAL, P. (2013): *Els nens del Born.* Barcelona. Publicacions de l'Abadia de Montserrat.

JIMÉNEZ, L. (2014): *Llamps, trons i un estel.* Barcelona. Generalitat de Catalunya.

LÓPEZ DEL AMO, I.; HERNÀNDEZ, F.X. (1990): *L'Onze de Setembre.* Sant Adrià del Besòs. Bruño.

76. Les novel·les d'una guerra

S

Interès educatiu

La ficció històrica ha estat un gènere que ha anat proliferant als últims anys d'una manera força notable i, sovint, gràcies a determinades novel·les, els nois i les noies s'han pogut endinsar en la descoberta de temps passats d'una manera engrescadora. Si bé és cert que la novel·la històrica és ficció, té una gran capacitat de submergir a l'alumnat en un temps històric passat, en les experiències d'una societat i en les vivències personals dels protagonistes d'altres temps. Podem plantejar activitats que parteixin d'una contextualització a partir de fragments de novel·les històriques tenint en compte que els continguts històrics s'han de treballar des de fonts reals, tant primàries com secundàries.

Ala de Corb, un heroi i aventurer del segle XVIII

Activitat

Plantejar un treball a partir de novel·la històrica implica que el professorat ha de proposar una pauta de lectura posant especial èmfasi en la contextualització prèvia a la lectura; el treball sobre l'autor, la lectura en si i les conclusions o debat que se'n pugui generar. Un cop feta la lectura, els treballs a l'aula poden continuar de diverses maneres. Podem entrar a valorar la fidelitat de detalls, situacions o moments, en la versemblança dels personatges o simplement a localitzar els errors històrics o els aspectes històricament discutibles, que acostumen a ser nombrosos en aquests tipus de treballs. D'igual manera podem fer activitats que impliquin la il·lustració i la documentació; així, si es demana dibuixar una determinada escena o moment en clau de novel·la gràfica, els alumnes s'hauran de documentar sobre com eren els vestits, els interiors d'una casa o un espai determinat de la ciutat.

I a més a més...

Hi ha tot un conjunt de relats, contes, obretes de teatre del segle XIX, sobre els conflictes a Catalunya dels segles XVII i XVIII, que són interessants i es poden localitzar a Google Llibres.

Recursos

BOSCH, A. (2008): *1714*. Barcelona. La Butxaca.

CLOTET, J.; MONTSERRAT, D. DE (2012): *Lliures o morts*. Barcelona. La Columna.

LARREULA, E. (2014): *Ala de Corb. Barcelona 1714, la batalla final*. Barcelona. Baula.

MARTIN, A. (2013): *Cicatrius del 1714*. Alzira. Bromera.

MATA, J. (2014): *1714, entre dos focs*. Barcelona. Edicions 62.

MUNNÉ, A. (2013): *Aquell dia de 1714*. Barcelona. Publicacions de l'Abadia de Montserrat.

SIERRA I FABRA, J; BLANCH, I. (2013): *1714*. Barcelona. La Galera.

GARCÍA QUERA, O. (2002): *Barcelona, 1714*. Barcelona. Casals.

– (2013): Barcelona 1706-1714. *Dietari d'un adroguer*. Barcelona. Ajuntament de Barcelona.

TOBAR, P. (2013): *El pas dels maulets*. Picanya. Edicions del Bullent.

TORRE, M. DE LA; MONTSERRAT, D. DE (2014): *Lliures o morts*. Barcelona. Grup 62. Comik Books.

PIÑOL, C.; SANTALÓ, A. (2014): *1714*. Barcelona. Baluard. Panini Comics.

SÁNCHEZ PIÑOL, A. (2012): *Victus*. Barcelona. La Campana.

VALLVERDÚ, J.; CAZARES, J. M. (2007): *La caiguda de Lleida (300 anys)*. Lleida. Institut Municipal d'Acció Cultural de Lleida i Vallverdú Editors.

VERGÈS, T. (1987): *El setge*. Barcelona. El Llamp.

77. Llibres de divulgació i didàctica

P S

Interès educatiu

Els llibres amb perfil didàctic sobre la Guerra de Successió, el setge de Barcelona i l'assalt de l'Onze de Setembre són molt escassos. Aquesta realitat és un problema en tant que les obres d'aquest tipus són molt importants des del punt de vista didàctic. Dins d'aquest gènere tenim obres que han estat explícitament concebudes com a treballs didàctics amb la voluntat de subministrar imatges entenedores del setge. En aquest sentit tindríem les aportacions de Pongiluppi i Hernàndez, que barregen imatges i informació actualitzada, i correcta des d'un punt de vista científic, per fer comprensible el setge de Barcelona. Tanmateix, també hi ha treballs que indirectament assoleixen protagonisme didàctic tot i no haver estat concebuts amb aquesta intencionalitat. Aquest seria el cas dels còmics de Garcia Quera, que ajuden a donar idea d'aspectes de la vida quotidiana durant el setge. En el mateix sentit hauríem de considerar alguns catàlegs d'exposicions que recullen quantitats importants d'imatges d'objectes que al capdavall són importants per documentar el període.

Activitat

Un dels llibres més accessibles, des d'un punt de vista comprensiu, del devenir del setge de Barcelona és el de Pongiluppi i Hernàndez sobre el setge de Barcelona de 1713-1714. Té una gran quantitat de vistes aèries de la ciutat i dels processos d'encerclament. L'opció que es proposa és combinar dues variables: els dibuixos de les muralles de la ciutat i comparar-los amb els

1714. El setge de Barcelona. Un viatge iconogràfic a la Barcelona del 1714

plànols contemporanis del setge. Així, cadascun dels dibuixos que decidim que són rellevants, que mostren la ciutat reconstruïda en perspectiva obliqua, el contrastarem amb un plànol d'època i comentarem la solució d'interpretació que s'ha donat a cadascuna de les parts.

I a més a més...

A partir dels llibres de divulgació i catàlegs d'exposicions podem confegir un fitxer de conceptes, llocs, objectes, etc., diversos vinculats a la Guerra de Successió. El fitxer ens permetrà disposar d'un banc d'imatges per il·lustrar treballs sobre la Guerra de Successió.

Recursos

FERRERES, E. (2007): *La Guerra de Successió i Catalunya.* Barcelona. Congrés de Cultura Catalana.

GARCÍA QUERA, O. (2002): *Barcelona, 1714.* Barcelona. Casals.

– (2013): *Barcelona 1706-1714. Dietari d'un adroguer.* Ajuntament de Barcelona.

HERNÀNDEZ, F.X.; PONGILUPPI, G.H. (2012): *El setge de Barcelona.* Barcelona. Angle Editorial.

MUSEU D'HISTÒRIA DE CATALUNYA (2007)*: Catalunya i la Guerra de Successió.* Barcelona. Departament de Cultura. Generalitat de Catalunya.

78. Literatura científica

S

Interès educatiu

La bibliografia científica específica de recerca o de divulgació sobre el 1714 a Catalunya és força extensa tot i que desigual. Durant el segle XIX es va fer un gran esforç per recuperar la història de l'Onze de Setembre i de la Guerra de Successió. Investigadors com mossèn Mateu Bruguera, Víctor Balaguer o Salvador Sampere i Miquel van fer una aportació extraordinària que en molts aspectes no ha estat superada. En el context del franquisme Santiago Albertí va posar en joc una síntesi magnífica que esdevingué cabdal per mantenir, en una època obscura, l'interès pel passat de la Guerra de Successió. En aquest mateix període Pere Voltes Bou va aproximar la Cort de Carles III. En els darrers decennis diversos autors han enfocat el tema des de diferents punts de vista. Hi ha hagut aportacions centrades en la política, l'economia i la societat, com les endegades per Joaquim Albareda, Henry Kamen, Virginia Leon o Josep Maria Torras. Autors com Albert García Espuche han fet avançar el coneixement sobre l'estructura de les ciutats i la vida quotidiana en el medi urbà. Investigadors com Xavier Rubio, Xavier Hernández, Francesc Riart i Antoni Espino han incidit en el coneixement del context militar i bèl·lic. Altres com Agustí Alcoberro han fet aportacions rellevants en allò que fa referència a l'exili austriacista. El coneixement de la bibliografia bàsica de referència esdevé important. Els alumnes han de conèixer quins són els historiadors més rellevants en les diferents facetes històriques. Per definició els historiadors fan treballs de síntesi per aproximar de manera fonamentada i comprensible els fets històrics. En aquest sentit conèixer els referents reconeguts

Els treballs de Riart i Hernàndez documenten la variable militar de la Guerra de Successió

per la historiografia esdevé important. L'alumne sempre pot recórrer a la bibliografia de referència per tal d'informar-se respecte d'una determinada situació històrica.

Activitat

L'activitat es pot centrar en la recerca de bibliografia i la confecció d'una relació de les obres més significatives. Els alumnes sota supervisió del docent hauran de provar de confegir una llista amb els títols més rellevants que parlin de la Guerra de Successió a Catalunya. De cada treball poden fer una fitxa en què s'indiquin aspectes tècnics i també un breu resum sobre l'objecte de coneixement del treball. Si es vol, es pot complementar amb l'aportació d'algunes dades sobre els autors.

I a més a més...

Es pot demanar als alumnes que facin una consulta amb més o menys profunditat d'algunes de les obres bàsiques. Cada alumne i grup es pot fer càrrec d'un títol; el consultaran, en llegiran alguns fragment i confeccionaran una fitxa. En una posada en comú explicaran l'objecte i característiques del treball.

Recursos

ALCOBERRO, A. (2013): *Catalunya durant la Guerra de Successió.* Barcelona. Ara Llibres.

ALBAREDA, J. (2010): *La Guerra de Sucesión de España (1700-1714).* Barcelona. Crítica.

ALBERTÍ, S. (2006): *L'onze de Setembre.* Barcelona. Albertí Editor.

HERNÀNDEZ, F.X.; RIART, F. (2014): *Barcelona 1714. Jacques Rigaud: crònica de tinta i pólvora.* Barcelona. Librooks.

BRUGUERA, M. (1871): *Historia del memorable sitio y bloqueo de Barcelona y heroica defensa de los fueros y privilegios de Cataluña en 1713 y 1714.* Barcelona. Establ. Tip. Ed. de Luis Fiol y Gros (2 volums).

CASTELLVÍ, F. DE (1997-2002): *Narraciones Históricas.* Madrid. Fundación Elías de Tejada y Erasmo Pércopo (4 volums).

GARCIA ESPUCHE, A. (2009): *La ciutat del Born.* Barcelona. MUHBA.

HERNÀNDEZ, F.X.; RIART, F. (2006): *Els exèrcits de Catalunya.* Barcelona. Rafel Dalmau Editors.

HERNÀNDEZ, F.X.; RUBIO, X. (coord.) (2009): *Talamanca 1714. Arqueologia d'una batalla.* Calafell. Llibres de Matrícula.

KAMEN, H. (1974): *La Guerra de Sucesión en España.* Madrid. Grijalbo.

Bloc 9.
Simulació, empatia i recreació

79. Juguem al joc de l'auca

P S

Interès educatiu

El segle XVIII va ser un període on el joc formava part de les activitats usuals de petits i grans. Els adults es reunien en els trinquets, que eren establiments on podien jugar, beure i estar una estona amb els amics. Podien jugar a l'interior o a l'exterior. Entre d'altres, jugaven a daus o cartes i al joc de la pilota i al joc de l'argolla. Un dels jocs més populars era el de l'auca, que era un joc de taula i que alguns relacionen amb el de l'oca. El de l'auca, però, va ser un joc més similar a la loteria (el bingo) i hi jugaven adults i infants. Sembla que en determinats moments el joc va ser prohibit o perseguit atès que la gent feia apostes que causaven baralles i aldarulls.

Activitat

Per jugar a l'auca necessitarem reproduir amb una fotocòpia DIN A3 els taulers de l'auca, tants com jugadors hi hagi. Podem fer servir l'*Auca del Sol i la Lluna* del gravador Pere Abadal del segle XVIII. Amb l'auca poden jugar,

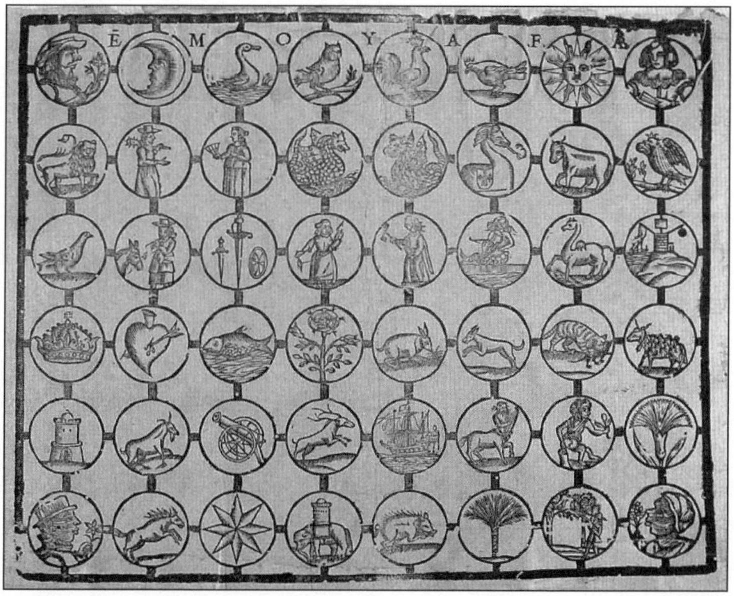

L'auca, un joc dels segles XVII i XVIII

indistintament, alumnes de primària i secundària. Una de les auques la farem servir per confegir les fitxes. Retallarem els cercles, els enganxarem damunt de cartonets i els posarem tots en un saquet. Cada jugador tindrà un tauler i un grapat de mongetes o peces. Un dels jugadors manegarà el saquet i anirà traient les fitxes. Abans de treure la fitxa, cada jugador posarà una peça damunt d'un dels cercles. El qui encerta la fitxa que surt arreplega totes les peces dels altres. El jugador que treu la fitxa del saquet haurà de dir en veu alta de quina fitxa es tracta: el pollastre, la torre de Montjuïc, el ruquet, la filadora, la víbria, etc. Les fitxes no es tornen a posar a la bossa i cada vegada en queden menys; aleshores els jugadors han de fer memòria i recordar quines no han sortit per mirar d'endevinar-les.

Aprofitarem el mecanisme per explicar que la gent arribava a guanyar i perdre gran quantitats de diners en el joc i que sovint els jocs amb apostes acabaven amb baralles; per aquesta raó, els jocs amb apostes sovint eren prohibits.

I a més a més...

Un altre joc de l'època és el de l'oca i podem trobar taulers catalans força antics. Altres jocs de taula de l'època eren els jocs de cartes; el museu Fournier de Vitòria conserva un joc de cartes de la Guerra de Successió.

Recursos

- *El tauler del joc de l'auca.* <http://ca.wikipedia.org/wiki/Joc_de_l'auca#mediaviewer/Fitxer:Auca_del_Sol_i_de_la_ Lluna.jpg>.
- *Tauler del joc de l'oca.* <http://ca.wikipedia.org/wiki/Joc_de_l'oca#mediaviewer/Fitxer:El_juego_de_la_Oca_-_Juan_Francisco_Piferrer_-_Barcelona.jpg>.
- *Cartes de la Guerra de Successió del museu Fournier de Vitòria.* <http://1714.mhcat.cat/es/ambit01/subambit01/royal_cards.html>.

80. Juguem amb jocs de carrer del XVIII

P S

Interès educatiu

A principis del segle XVIII hi havia molts jocs de carrer, als quals es podia jugar indistintament en locals o al carrer per part d'adults o infants. Nens i nenes jugaven amb firetes, daus, bales i tabes, a la baldufa, el tres en ratlla, el cèrcol, les bitlles, les anelles, la gallina cega, tocar i parar, l'anella. Els adults freqüentaven els trinquets on jugaven a pilota, de manera directa entre dos jugadors i amb una xarxa, o de manera indirecta contra una paret. Molts d'aquests joc encara estan vigents. Una bona manera d'aproximar els nens i les nenes al segle XVIII és partir de jocs de l'època. A més, podran comprovar que alguns jocs els resulten familiars atès que ells mateixos potser hi han jugat o bé els seus pares o avis.

Els tres en ratlla, un clàssic de l'antiguitat que també es jugava al segle XVIII

Activitat

Proposem jugar amb jocs del segle XVIII. Mostrarem una rèplica del tres en ratlla que existeix en una de les lloses de la casa Corrales del jaciment del Born, i també ensenyarem fotos de fitxes localitzades al Born. Dibuixarem al terra amb guix una trama similar a la de la llosa de la casa Corrales i jugarem amb fitxes fetes amb bocins de ceràmica. També jugarem amb la baldufa, i en primer lloc mostrarem fotografies de les que s'han localitzat a les excavacions del Born. Repartirem les baldufes i, després d'un ensinistrament mínim, hem de ser capaços de fer ballar la baldufa, fer-la pujar al palmell de la mà i esquerdar altres baldufes. Un altre joc interessant és el de l'argolla. Es tracta d'un joc molt practicat a Barcelona. Consisteix a fer passar una bola de fusta per una argolla clavada a terra amb l'ajuda d'unes pales. Aquest joc es realitzava al carrer i en uns espais tancats (o cases de joc) anomenades *trinquets*. És un precedent del billar i el criquet; també s'anomena *billar de terra*. El joc de pilota era un joc molt practicat a la societat catalana de 1700. Es tractava de passar-se una pilota amb unes raquetes o pales de fusta sense que la pilota caigués a terra. És similar al tennis però hi podia haver més de dos jugadors.

I a més a més...

També podem jugar a bitlles i a la xarranca, que són jocs de l'època. Un altra possibilitat és construir estels amb canyes i paper. Cal recordar que es diu que les autoritats filipistes, després de la conquesta de Barcelona, van prohibir que s'enlairessin estels per por que aquests s'utilitzessin per enviar missatges de caràcter militar.

Recursos

BELTRÁN, J.; MIRÓ, N. (2009): «Jugar a la Barcelona dels segles del XVI-XVIII: objectes de joc i joguines trobats a les excavacions de la ciutat», a *Jocs, triquets i jugadors.* Barcelona 1700. Barcelona. Ajuntament de Barcelona.
<www.academia.edu/1094101/Jugar_a_la_Barcelona_dels_segles_XVI-XVIII_objectes_de_joc_i_joguines_trobats_a_les_excavacions_de_la_ciutat>.

GARCÍA ESPUCHE, A. (coord.) (2009): *Jocs, triquets i jugadors.* Barcelona 1700. Barcelona. Ajuntament Barcelona.
<http://mdc.cbuc.cat/cdm/compoundobject/collection/joanamades/id/748/rec/1>.

- *Fer un estel.*
  <www.petitaxarxa.cat/curiositats/interior.php?id=404495>.
  <https://sites.google.com/site/comferestelsalescola/>.

81. Jocs d'estratègia i simulació S

Interès educatiu

Les estratègies d'ensenyament i aprenentatge a partir del joc tenen una dilatada experiència educativa. En història els jocs d'estratègia i simulació acostumen a reproduir escenaris i agents que decideixen sobre situacions del passat, de manera que generen ucronies. Aquestes reflexions sobre el que hauria pogut passar però no va passar tenen un alt interès educatiu en tant que instrueixen en la diversitat i en la relativitat de situacions i decisions.

1714, un joc d'estratègia i simulació que recrea l'assalt de l'Onze de Setembre

Els jocs, segons la seva naturalesa, els poden usar alumnes de primària o secundària, tot i que els existents semblen més adequats per a secundària. Tanmateix, la utilització de jocs a l'aula presenta tot un seguit de problemàtiques tècniques. La durada de les partides pot ser llarga, necessitem espais còmodes per als jugadors i, òbviament, necessitem diversos jocs per poder jugar a la vegada. Tot plegat es fa difícil en els mòduls horaris i en els espais de què disposa usualment el docent. El seu ús, però, també es pot plantejar en situacions extraescolars i en els espais no formals d'ensenyament i aprenentatge.

Activitat

El docent ha de conèixer quins jocs hi ha a l'abast, veure quins interessen i dissenyar alguna estratègia per replicar-los i per utilitzar-los totalment o parcialment. Entre els jocs més rellevants tindríem el joc «11 de setembre de 1714. Setge», d'Hernández i Rubio, que es desenvolupa sobre un tauler de la zona de llevant de Barcelona. Els exèrcits catalans i el de les dues corones s'enfronten recreant el que va ser l'assalt i batalla de l'Onze de Setembre. És un joc bèl·lic per a dues persones o equips assequible a primària i secundària, però presenta problemes de temps atès que ordenar les fitxes és un procés laboriós. Cal tenir present en qualsevol cas que el tauler és molt útil i que permet adaptar o improvisar altres jocs. El joc de cartes «Victus» (de 3 a 5 jugadors) permet recrear el paper del personatges de la novel·la *Victus*, d'Albert Sánchez Piñol. Es tracta d'un joc comercialitzat per Devir i d'un preu accessible amb una durada d'uns 30 minuts per partida. Existeix també un joc d'estratègia diplomàtica, «1714. El cas dels catalans», del col·lectiu Rubicon, que no ha estat comercialitzat.

I a més a més...

Els jocs de simulació i estratègia també es poden dissenyar o improvisar, i a la xarxa es poden trobar pàgines especialitzades en jocs que proporcionen informació sobre uniformes i banderes de les unitats catalanes. Pel que fa als jocs informàtics, hi ha pocs desenvolupaments; el joc «Castellví i l'Onze de Setembre», en la línia de Mario Bros, elaborat per la Direcció General de Recerca de la Generalitat de Catalunya i la Universitat Politècnica de Barcelona, n'és una de les poques excepcions.

Recursos

- *«Victus, en joc de taula, es presenta al DAU Barcelona».* <www.victus1714.com/?p=804>.
- *Literatura i premsa. 11 setembre 1714.* <www.11setembre1714.org/Literatura5.html>.

82. Recrear la història

P S

Interès educatiu

Hi ha molts grups de recreació històrica que es dediquen a generar situacions en les quals reprodueixen situacions, processos o esdeveniments històrics. El seu principal objectiu és viure l'experiència de submergir-se en el període evocat; intenten reproduir amb exactitud les condicions de vida del període, des dels estris (equipament, indumentària, objectes quotidians...) fins al règim alimentari i les limitacions tecnològiques. Altrament, existeix una voluntat explícita de fer comprensible la història al públic de manera tangible.

Cal tenir present, a més a més, que els recreadors ajuden molt a potenciar el patrimoni en tant que, participant i fent-se presents, ajuden que aquest sigui més comprensible.

Activitat

L'activitat consisteix a convidar un grup de recreació històrica a l'escola o institut. Aquesta activitat es pot fer amb tots els alumnes de tots els cursos. A Catalunya hi ha nombrosos grups de recreació, o grups similars, relacionats amb la Guerra de Successió; els participants poden explicar aspectes de la vida quotidiana, mostrar vestits, estris i artefactes diversos. També hi ha grups musicals i de dansa que treballen sobre el període i que poden arribar a fer una activitat similar a la dels grups de recreació.

La recreació històrica, una experiència d'aproximació al passat

I a més a més...

Després de viure l'experiència caldrà fer-ne l'anàlisi i la valoració. Així doncs, un fet que hagi provocat múltiples sensacions en els alumnes i que alhora hagi estat font de notables aprenentatges cal que es treballi posteriorment mitjançant l'intercanvi d'opinions en una conversa, per exemple. Hi ha també la possibilitat que el grup classe es desplaci a veure alguna activitat de recreació o a algun concert de ministrers o grups musicals o de dansa de l'època.

Recursos

Entre els grups de recreació més actius relacionats amb la Guerra de Successió destaquem:

- *Miquelets de Catalunya.*
  <www.miquelets.cat/>.
- *Miquelets de Girona.*
  <www.facebook.com/miqueletsgirona>.
- *Associació Recreació Històrica de Moià.*
  <www.facebook.com/associacio.moia>.
- *Coronela de Barcelona*
  <www.facebook.com/coronela.debarcelona?fref=ts>.

83. Personatges que opinen

S

Interès educatiu

Comprendre que les persones tenim criteris i una opinió davant d'una situació determinada, i prenem decisions segons això, és important. Altrament la reflexió sobre les decisions i experiències de moltes persones respecte a una mateixa problemàtica permet reflexionar sobre la simultaneïtat històrica i ens evidencia com els esdeveniments històrics s'entrellacen entre ells. I també com la vida de persones que a primer cop d'ull no sembla que tinguin res en comú o que no s'han conegut mai estan més relaciones del que pensem. La Guerra de Successió Espanyola n'és un exemple.

Activitat

D'entrada podem confegir una llista de personatges contemporanis de la Guerra de Successió que sigui prou significatiu: Lluís XIV, Daniel Defoe, Jonathan Swift, Gottfried W. Leibniz, Isaac Newton, Antonio Vivaldi, Johann S. Bach, John Locke, Voltaire, Montesquieu, Marlborohug, reina Anna d'Anglaterra..., i els altres com considerem. Això ens permetrà establir ponts i relacions que ens ajudaran a situar el moment. Podem fer fitxes dels diferents personatges amb alguns trets biogràfics i establir si van tenir o no cap relació directa o indirecta amb la Guerra de Successió i els seus protagonistes. Amb les fitxes fetes podem entaular una discussió sobre quines deurien ser les expectatives, opinions o interessos de cadascun d'ells respecte de la Guerra de Successió. Aquest debat a l'aula pot ser formal o més o menys teatralitzat. Mitjançant aquesta discussió els alumnes poden comprendre que els fets afecten les persones segons els seus interessos, expectatives, idees, entre d'altres factors, i que, alhora, aquests esdeveniments tenen un impacte considerable en les seves idees. A més a més, també hi ha d'haver un judici de valors argumentat sobre la bondat d'un o altre posicionament.

I a més a més...

Les opcions que impliquin personatges poden ser múltiples. Des de la redacció d'una pseudocarta en què s'explicitin els seus interessos, fins a la redacció d'una entrada al llibre de text feta com si l'hagués elaborat un personatge determinat. Aquests escrits poden ser sotmesos a crítica raonada segons els arguments esgrimits i la veracitat de les afirmacions.

Recursos

- *Personatges. Museu Virtual de la Guerra de Successió (1702-1714).* <www.guerradesuccessio.cat/personatges.html>.

TORRES BRAVO, P. A. (2001): *Didáctica de la historia y educación de la temporalidad: tiempo social y tiempo histórico.* Madrid. Universidad Nacional de Educación a Distancia.

84. La xocolata desfeta de 1700

P

Introducció

Durant l'època moderna la cuina catalana va conèixer grans transformacions. Això va passar perquè van arribar productes nous de territoris llunyans com ara els tomàquets, les mongetes, el gall dindi, els pebrots, la vainilla o el cacau per fer xocolata. A més a més, canviaven els gustos i triomfaven les begudes fresques i les amanides, que es refrigeraven amb el gel que venia directament dels pous de glaç situats a la vora del Montseny. Sovint trobem dificultat per explicar aspectes de la història als infants més petits; aquesta activitat pretén ajudar-los que se sentin capaços i capaces de desenvolupar eines i recursos per conèixer el món que els envolta mitjançant l'ús d'estratègies per a l'exploració activa i viscuda i, amb aquesta experiència, introduir-los en l'aprenentatge de la història des d'un aspecte tan quotidià per a ells com és l'alimentació.

Xilografia que mostra la preparació de xocolata

Activitat

L'activitat va principalment destinada al primer cicle de l'educació primària. Es tracta de fer una xocolatada a l'aula. Val la pena que es reflexioni amb el grup classe sobre això i es parli del fet que les xocolatades són quelcom que ve de fa molts anys. També és un bon moment per explicar que la xocolata és un producte d'importació de procedència llunyana i que va venir al nostre territori fa molts anys. La manera d'elaborar la xocolata desfeta dependrà del grup classe i les pròpies instal·lacions de l'escola, però és important que els infants participin en el procés ja que sentir-se'n part serà cabdal per al seu aprenentatge i, a més a més, permetrà experimentar amb diverses textures i temperatures. Durant la degustació de la xocolata caldrà reflexionar i expressar aspectes referents al gust i l'olor. Podem fer preguntes que ajudin els infants a posar en relació diversos aliments amb gustos i olors similars o altres aliments amb xocolata amb preguntes del tipus: És la primera vegada que preneu xocolata? Us agrada? A què us recorda aquest gust? Heu menjat coses que tinguin aquest sabor? I l'olor? Tanmateix, se'ls pot deixar provar la llet i després la xocolata, perquè vegin com canvia el gust i l'olor quan hi afegim la pols de xocolata; d'aquesta manera es treballen causes i conseqüències de les accions. Tot aquest treball sobre la xocolata és del tot compatible amb l'anàlisi de la iconografia del *Plafó de la Xocolatada.*

I a més a més...

En altres cursos de primària es pot demanar als i les alumnes que cerquin receptes tradicionals catalanes i en mirin l'origen. Observaran que moltes d'elles van sorgir al segle XVIII. Es poden fer aquestes receptes a l'aula o se'ls pot demanar que les facin a casa (d'aquesta manera també es fa participar les famílies del procés) i les portin a classe per tal de degustar-les conjuntament.

Recursos

- *Generalitat de Catalunya. Gastronomia* <www20.gencat.cat/portal/site/culturacatalana/menuitem.be>.
- *Cuina del 18.* <http://cuinadel18.wordpress.com/category/les-receptes-del-XVIII/>.
- ROGER, F. (1781): *Art de la cuyna. Llibre ben discorragut y aprobat per a defensarme de los contraris, compost per fra Francesch Roger, religiós de obediencia de N.P.S. Francesch e morador en el Real Convent de Ciutadella.*

85. Gastronomia de guerra

P S

Interès educatiu

Taula parada. Plafó de la xocolatada

L'aproximació a aspectes de la vida quotidiana és extremament interessant tant pel que fa als alumnes de primària com als de secundària. La projecció cap al passat de situacions, elements i conceptes que els alumnes coneguin en el present esdevé per definició significativa. Entendre el que mengen i com cuinen les persones d'altres èpoques, una necessitat bàsica, ens possibilita una aproximació garantida a la història. A diferència d'altres problemàtiques abstractes i complexes d'abastar, com l'organització política i social en el temps, els aspectes de vida quotidiana són concrets i perfectament acotables, i fins i tot experimentables. El tractament de l'alimentació al segle XVIII ens permet reflexionar sobre els diferents tipus d'aliments a l'abast, la problemàtica de la conservació i de la comercialització i la posada en circulació d'aquests aliments.

Activitats

L'aproximació a la cuina del segle XVIII ofereix múltiples possibilitats, que van des de la documentació a l'entorn dels principals aliments, l'elaboració d'un menú teòric per a tots els dies de la setmana o el consum d'uns determinats productes usuals a l'època. Aquesta aproximació a la gastronomia d'època la poden fer, indistintament, els alumnes de primària i secundària. Naturalment les possibilitats són extraordinàries i difícilment les esgotarem. La documentació bàsica passarà per fer saber als alumnes que per a la majoria de la gent de les ciutats no tots els aliments eren assequibles. Es consumien de manera generalitzada sèmoles i fideus. Les escudelles consistents en brou barrejat amb verdures i carns greixoses eren àpats populars. Aliments avui molt generalitzats, com la carn fresca, la llet o els ous, no eren a l'abast de tothom; en canvi, a les zones portuàries hi havia un cert consum de peix. Les cansalades, les arengades (sardines fumades), el bacallà (salat i sec), els embotits, etc., esdevenien els aliments proteics més usuals. Les verdures, els llegums i les fruites també eren a l'ordre del dia. Els dolços i pastissos eren especialment apreciats. El pa esdevenia l'aliment principal i, juntament amb el vi i l'oli, definia l'estil mediterrani d'alimentació preponderant a Catalunya.

La patata, a principi del segle XVIII, encara no es consumia; i el tomàquet encara no estava prou popularitzat, tot i que aviat s'utilitzaria per amorosir el pa.

A partir d'informació i documentació sobre els recursos alimentaris de principi del segle XVIII demanarem als alumnes que planifiquin els àpats d'una família poderosa de Catalunya, i els d'una família humil.

I a més a més...

Una activitat interessant consisteix a organitzar un àpat possible del segle XVIII, que serà tant o més complex en funció de les receptes que triem. Haurem de procurar que tots els ingredients i la manera de cuinar-los s'ajustin a les possibilitats de l'època. També procurarem que el protocol i les condicions de la taula s'ajustin a les possibilitats del moment.

Recursos

- *Cuina del 18.* <http://cuinadel18.wordpress.com/category/les-receptes-del-XVIII/>.
- Si hom vol evocar l'ambient dels grans banquets barrocs podeu seleccionar escenes de la pel·lícula *Vatel* (2000), dirigida per Roland Joffé i protagonitzada per Gérard Depardieu.
- *La cuina del segle XVI al XVIII.* <www20.gencat.cat/portal/site/culturacatalana/menuitem.be>.

Bloc 10.
Fonts secundàries: iconografia

86. El monument a Rafael Casanova S

Interès educatiu

El monument de Rafael Casanova, situat al carrer d'Alí Bei amb ronda de Sant Pere, és obra de Rossend Nobas. Rafael Casanova va ser el conseller en cap de Barcelona que lluità i defensà la ciutat. L'any 1883, l'Ajuntament de Barcelona va encarregar a l'escultor Rossend Nobas la realització de l'estàtua de Rafael Casanova. A partir de l'any 1894, la celebració de l'Onze de Setembre comença a anar acompanyada de la col·locació de rams de llorer en el monument, i a partir de l'any 1901 comença a fer-se la celebració majoritària. El 1914, en el segon centenari de l'11 de setembre de 1714, l'estàtua fou traslladada al seu emplaçament actual, la ronda de Sant Pere amb Alí Bei, que és on se suposa que va ser ferit el conseller en cap. Llevat dels anys de la dictadura franquista, en què fou retirat el monument, cada 11 de setembre els catalans reten homenatge a la figura.

Un pedestal de Soler i March i uns relleus de Josep Llimona amb dues figures femenines al·legòriques reforcen el monument, juntament amb la inscripció següent: «Aquí caigué ferit el conseller en cap Rafael Casanova defensant les llibertats de Catalunya».

Qualsevol activitat educativa vinculada a un treball iconogràfic sempre té un valor didàctic important ja que ens permet parlar dels símbols vinculats a un fet. Una imatge, ja sigui escultòrica o pictòrica, és la interpretació d'un fet o d'un personatge i, per tant, ens permet parlar del que significa. Pel que fa al monument de Rafael Casanova, és important pel seu alt valor simbòlic; ell és considerat un dels herois de l'Onze de Setembre i esdevé gairebé un mite.

Escultura de Rafael Casanova de Rossend Nobas

Activitat

A l'educació secundària, és important de fer esbrinar a l'alumnat si l'escultura és fidel als fets històrics. I és que durant molts anys es va creure que Rafael Casanova morí durant la defensa de la ciutat, i no va ser així. És plantejable, doncs, qüestionar-nos amb l'alumnat per què durant anys va haver poc coneixement sobre els fets. Al mateix temps, pot resultar engrescador fer una recerca sobre l'ús d'aquesta imatge en altres contextos; per exemple, als cartells de la Generalitat Republicana, ja que s'associava la imatge de Rafael Casanova amb l'exemple de ciutadà compromès. Un altre aspecte important de treballar amb l'alumnat de secundària són les diferents peripècies que va viure l'escultura: el trasllat des de la seva col·locació originària al lloc actual; la seva supressió durant el franquisme; les múltiples còpies que se'n feren.

Pot ser una activitat interessant, també, analitzar l'escultura formalment: quin és l'estil de l'escultor, com està feta, com apareix representat el personatge, semblances i diferències amb el *Torero ferit*, del mateix autor, etc. Amb l'alumnat de primària, podem associar l'aspecte formal a la representació de fets concrets i, per tant, jugar amb els nens i les nenes a posar imatges a aspectes com la mort, l'alegria, la tristesa, el dolor, l'eufòria... Aquests aspectes es poden desenvolupar des de diverses àrees, a l'educació visual i plàstica i també a l'educació física a través de l'expressió corporal.

I a més a més...

De la mateixa manera que Rafael de Casanova és escollit com a símbol i esdevé mite d'un moment molt concret de la història de Catalunya, aquest fet es repeteix en d'altres moments històrics. Una bona activitat pot consistir a buscar diversos personatges que tenen un alt valor simbòlic o que han esdevingut un mite en algun moment concret, esbrinar-ne els motius i estudiar el fet.

Recursos

- «Rossend Nobas i Ballbé». *Viquipèdia*. <http://ca.wikipedia.org/wiki/Rossend_Nobas_i_Ballbé>.
- SERRET, C. (2014). «L'oblit que va salvar la memòria». *Sàpiens*, núm 139. <www.sapiens.cat/ca/downloads2/report_casanova.pdf>.

87. La iconografia de l'Onze de Setembre al segle XIX

S

Interès educatiu

Gravat del segle XIX que recrea un consell de guerra dels comandaments catalans

L'aproximació a quelcom tan abstracte com els fets històrics sovint ha exigit imatges a fi i efecte que les persones que no disposaven de coneixements d'intermediació per contextualitzar els fets els poguessin integrar en el seu imaginari. Així, explicar aquests fets, i altres, sovint ha exigit la generació d'imatges concretes que ajudessin a superar l'abstracció. En els períodes que es van produir també es van generar imatges sobre la Guerra de Successió i l'Onze de Setembre destinades a informar als catalans respecte als fets. Alhora, aquestes imatges estaven mediatitzades per l'imaginari d'una societat en un moment donat i es produïen amb més o menys densitat, precisió, qualitat o punt de vista temàtic segons els coneixements, valors o percepcions de la societat en un moment determinat.

En els decennis que van seguir el conflicte la generació d'iconografia va ser irrellevant, llevat de la que encara es produïa de resultes del gran impacte que havien generat els fets. Així, els gravats de Rigaud i les seves diferents versions es van produir amb posterioritat als fets, una vintena d'anys després; tot i això, els fets encara eren molt pròxims, raó per la qual es poden considerar fonts coetànies, i el mateix podríem dir de l'extensa cartografia militar del segle XVIII, que es va fer ressò del setge de Barcelona. La segona gran tongada d'imatges la devem a mossèn Mateu Bruguera (1820-1882) i a un dels grans constructors de la Catalunya contemporània: Víctor Balaguer (1824-1901). Tots dos autors, Bruguera i Balaguer, poden considerar-se els grans recuperadors de la memòria de la Guerra de Successió i de l'11 de setembre. Ho van fer, però, des de posicions diametralment oposades i amb objectius del tot diferents. Mateu Bruguera era un eclesiàstic vinculat al carlisme, i el carlisme català, amb una alta generatriu nacionalitària, aspirava a recuperar directament les llibertats medievals. En aquest sentit, la recuperació de l'«heroica» defensa dels furs esdevenia una peça que ajudava a falcar i legitimar el projecte polític. Altrament, Víctor Balaguer combatia el règim d'Isabel II des de posicions de radicalitat democràtica tot desenvolupant un projecte federal i profundament constitucional que ajudés a la modernització d'Espanya i que donés joc a Catalunya.

Activitat

L'activitat que es proposa és recuperar iconografia del segle XIX sobre l'Onze de Setembre. A partir de Google Llibres i de la xarxa aplegarem làmines que ens mostrin com Mateu Bruguera o Víctor Balaguer imaginaven el setge de 1713-1714 i la batalla de l'11 de setembre. Comentarem de manera crítica les diferents imatges localitzades. Constatarem que les imatges estan destinades a un públic ampli. Observarem amb cura la representació del que els autors consideraven els principals moments històrics. Així, constatarem com l'obra de Mateu Bruguera incorpora la famosa imatge de presentació de la bandera de Santa Eulàlia a la façana de la Casa de la Ciutat i com Balaguer inclou la imatge d'una reunió de guerra a les voltes de Sant Antoni, i també el jurament dels consellers. Ambdós autors, malgrat les seves diferències, van representar sengles escenes dels combats durant l'assalt a Barcelona. Curiosament, en el de Mateu Bruguera sortien sacerdots amb les armes a la mà. Aquesta iconografia generada amb voluntat didàctica no era contraposada, a diferència dels texts i interpretacions, i, de fet, en els decennis següents va ser indistintament utilitzada com a referent de l'Onze de Setembre.

I a més a més...

El coneixement que al segle XIX es tenia sobre el segle XVIII era dispar. Una activitat alternativa pot consistir a comentar els elements anacrònics o equívocs que puguin aparèixer en a il·lustracions de Bruguera o Balaguer. Igualment, al marge d'aquests dos autors, podem procedir a localitzar altra iconografia, del segle XIX o principi del XX, sobre el tema.

Recursos

BALAGUER, V. (1863): *Historia de Cataluña y de la Corona de Aragón*. Barcelona. Libreria de Salvador Manero, llibre 11 (5).

BRUGUERA, M. (1871): *Historia del memorable sitio y bloqueo de Barcelona y heroica defensa de los fueros y privilegios de Cataluña en 1713 y 1714*. Barcelona. Establ. Tip. Ed. De Luis Fiol y Gros (2 volums).

88. Interpretem el quadre d'Antoni Estruch

S

Interès educatiu

El quadre d'Antoni Estruch i Bros (1872-1957) *L'Onze de Setembre*, anomenat en un primer moment *La mort d'en Casanova*, és una de les imatges més conegudes de l'11 de setembre; podríem dir, fins i tot, que forma part de l'imaginari col·lectiu dels catalans. Va ser pintat el 1903 i sembla que s'inspira en l'escultura de Rossend Nobas sobre Rafael Casanova. L'èxit del quadre va ser notable i es començà a reproduir de seguida a les publicacions de l'època. Al quadre apareix Rafael Casanova com a figura central, vestit amb la gramalla cerimonial dels consellers de la ciutat de Barcelona, i veiem com cau ferit, a tocar de la bandera de Santa Eulàlia. Al seu voltant, uns combatents descamisats, amb barretina i fusell, continuen la batalla. Si analitzem l'escena, veiem que està situada en ple combat, a la muralla, i els personatges apareixen envoltats de foc i de fum. Tot i que el quadre vol captar un moment de derrota i de dolor (personificat en al figura de Casanova), ens mostra un instant dramàtic de la lluita i, per tant, té un aire èpic de victòria i resistència del poble català.

L'interès didàctic de treballar aquest quadre a l'aula és que allò que estem veient és una interpretació d'uns fets concrets a partir d'una determinada percepció que, en un moment determinat, es tenia sobre la història. I és que sovint les societats reimaginen el seu passat en funció de situacions i necessitats del seu present.

L'Onze de Setembre, d'Antoni Estruch, la imatge més coneguda sobre l'Onze de Setembre

Activitat

En primer lloc, després d'observar el quadre d'Estruch, en demanem una descripció. Qui són els personatges? On estan situats? Què li passa a en Casanova? Com van vestits els membres de la Coronela? Si volem podem contrastar la imatge d'Estruch amb la que ens subministren historiadors de l'època (Bruguera, Sanpere). Tot seguit demanarem als alumnes que prospectin la continuïtat que la imatge ha tingut en el temps. Per tant, buscaran si aquesta imatge és l'estereotip de l'Onze de Setembre, atès que és una imatge que s'utilitza a bastament. Finalment, quan hàgim constatat que la imatge d'Estruch gaudeix encara d'una gran difusió ens preguntarem per què des de fa més de cent anys no hi ha cap imatge més versemblant que hagi substituït el quadre d'Estruch de l'Onze de Setembre. En aquest context valorarem fins a quin punt és normal que una societat com la catalana no generi imatges actualitzades per evocar el seu passat.

I a més a més...

Una activitat interessant consisteix a buscar paral·lelismes. El quadre d'Estruch ens mostra un moment culminant de l'epopeia catalana del 1714. Podem demanar als alumnes que busquin precedents i paral·lelismes d'altres quadres que vulguin presentar un moment èpic d'un poble (*George Washington creuant el riu Delaware*; *La llibertat guiant al poble*, *L'afusellament de Torrijos*...).

Recursos

- «Antoni Estruch i Bros». *Viquipèdia*. <http://ca.wikipedia.org/wiki/Antoni_Estruch_i_Bros>.
- ANTON, J. (2010): «Casanova, a caballo y sin bandera». *El País* (11 de setembre). <http://elpais.com/diario/2010/09/11/catalunya/1284167248_850215.html>.

89. Nova iconografia de l'Onze de Setembre

P S

Interès educatiu

La pintura d'Estruch sobre l'*Onze de Setembre* va ser la més rellevant del seu temps. Després va venir el gran desert de la dictadura franquista i les representacions icòniques de l'Onze de Setembre es van aturar. Finalment, però, el parlament de Catalunya va decretar, el 1980, que l'Onze de Setembre passava a ser la diada nacional de Catalunya. Tanmateix, això no va implicar cap renovació de la iconografia, i fins i tot les obres de la historiografia catalana més modernes van continuar utilitzant, per optimitzar gràficament els seus treballs, la vella iconografia de Balaguer, Bruguera i Antoni Estruch. Les noves aportacions van sorgir a la vegada que plantejaven opcions de ruptura democràtica a Catalunya. Autors com Riart, Hernàndez o Rubio van recuperar la dimensió militar de la campanya de 1713-1714 i alhora van maldar per promocionar una nova iconografia que reflectís els avenços quant a coneixement científic. En aquest context van destacar les aportacions del germans Guillem i Mar H. Pongiluppi. Cal destacar les noves imatges de Guillem H. Pongiluppi sobre el contraatac de Casanova, de les quals hi ha tres versions; una d'elles mostra el conseller a peu i l'altra el mostra a cavall. La primera mostra una interpretació més tradicional de la bandera; la segona incorpora una versió del pendó amb sanefa de triangles, tal com es desprèn de la documentació localitzada per Francesc Riart. Finalment, una darrera versió replica directament el quadre d'Estruch però amb la vestimenta dels soldats actualitzada.

L'Onze de Setembre de Guillem H. Pongiluppi

Activitat

Comparem el quadre d'Estruch amb la iconografia de Guillem H. Pongiluppi. La comparació de tots dos treballs es pot fer tant en un context de primària com en un de secundària. Mostrem als alumnes dues versions dels fets i fem una reflexió crítica sobre allò que es representa i com es representa. La iconografia d'Estruch mostrava un contraatac bàsicament civil, amb un conseller en cap amb vestit civil. Contràriament, la iconografia de Guillem H. Pongiluppi, seguint les directrius de Riart, Hernàndez i Rubio, ens mostra una imatge de caire més militar i propera als fets: amb la companyia de fadrins sastres perfectament uniformada, amb Casanova vestit de coronel de la Coronela i muntant a cavall, tal com pertocava al seu rang militar. Pel que fa a les aportacions que en la mateixa línia va fer Mar H. Pongiluppi, cal destacar per la seva repercussió la imatge del jove miquelet de la batalla de Talamanca i les escultures hiperrealistes, realitzades juntament amb Enric Passolas, del Museu de Sant Boi de Llobregat, que mostren la princesa Elisabet i Rafel Casanova amb vestit militar. També les escultures de l'exposició «Donec Perficiam» del Born de Barcelona que mostren una imatge militar de Casanova i Villarroel.

I a més a més...

La proliferació d'interpretacions iconogràfiques de l'Onze de Setembre ha anat en augment en els darrers anys. Podem demanar als alumnes que organitzin una miniexposició, o un petit dossier, en què incorporin representacions que s'hagin fet en els darrers temps sobre l'Onze de Setembre. Classificarem les imatges, en comentarem el contingut i n'assenyalarem els valors estètics o històrics.

Recursos

- <www.guillemhp.com/2012/11/14/1714-el-setge-de-barcelona/>.
- <www.guillemhp.com/2013/09/11/11-de-setembre-de-1714-reconstruccio/>.
- PONGILUPPI, M.H. *Coordinació i execució d'escenografies i escultures en l'exposició* «Donec Perficiam», *El setge de 1714.* <www.marhp.com/escenografia-mercat-del-born/>.

90. Uniformes dels soldats de Catalunya

P S

Interès educatiu

Les unitats militars del segle XVIII es distingien per les banderes i sobretot pel color dels seus uniformes. La peça principal, la casaca, indicava quin era el color del regiment. Alhora, aquest color combinava amb el dels punys, coll, mitges i peces inferiors com ara la jupa. El contrast entre el color de fons i la divisa definia la identitat cromàtica de la unitat. En els regiments catalans i en les unitats de la Coronela els colors blaus i grana van ser els dominants durant tot el conflicte. La identificació dels regiments catalans a partir dels colors dels seus uniformes esdevé d'interès didàctic, atès que ens permet introduir d'una manera plàstica i senzilla tota la complexitat de les organitzacions militars del segle XVIII. Bona part de la informació sobre la uniformologia catalana del moment ha estat elaborada per Francesc Riart; els seus estudis són una magnífica font secundària que ens permeten treballar sobre les tipologies i l'estètica dels uniformes de l'exèrcit de Catalunya.

Iconografia de Francesc Riart sobre vestits i uniformes

Activitat

Tant per a primària com per a secundària podem desenvolupar activitats que ens menin al coneixement dels colors i la divisa de les unitats catalanes. Podem proporcionar una llista bàsica dels principals regiments de la campanya 1713-1714 i indicar els colors i la divisa de cada regiment o companyia de la Coronela seleccionats. Tot seguit podem donar als alumnes imatges de perfil lineal, sense acolorir, i demanar que les decorin, amb els colors pertinents, per crear l'aparença d'una determinada unitat. També podem plantejar l'activitat implicant tot el grup classe, intentant cobrir el conjunt de les unitats de l'exèrcit català, i, en aquest cas, podem elaborar cartells o cartes que ens permetin desenvolupar jocs d'identificació.

Una altra possibilitat rau a subministrar un dibuix lineal i demanar que localitzin les diferents parts de l'uniforme i de l'equip: tricorn, camisa, corbata, jupa, casaca, calces, mitges, sabates, casalina, bridecú, espasa, baioneta, fusell.

I a més a més...

La web *www.guerradesuccessio.cat* presenta un ampli apartat on s'expliquen els diferents components dels uniformes i els equipaments militars dels soldats de l'època, tant d'infanteria com de fusellers de muntanya. A partir de la pàgina podem obtenir dibuixos lineals per fer exercicis i informació diversa sobre els equipaments i la vida quotidiana dels soldats.

Una altra possibilitat de treball consisteix a proposar als alumnes la confecció de retallables amb vestits civils i militars, a partir d'una silueta d'un home i una altra d'una dona. Els grups de treball dels alumnes hauran de confegir uniformes, vestits i complements documentats del període.

Recursos

- *Rafael Dalmau, Editor.*
  <www.rafaeldalmaueditor.cat/coleccions.php?col=2645>.
- *Els combatents. Museu Virtual de la Guerra de Successió (1702-1714).*
  <www.guerradesuccessio.cat/sol_infanteria.html>.

Bloc 11.
Entorns web

91. La Guerra de Successió a la xarxa

P S

Interès educatiu

La cerca d'informació sobre la Guerra de Successió es pot vehicular a partir de bibliografia i material imprès o també en l'àmbit digital i virtual. Abans d'iniciar l'estudi del període, o de fer treballs a l'entorn de la Guerra de Successió, pot resultar interessant que els alumnes verifiquin i coneguin quins són els principals espais virtuals que parlen o informen de la Guerra de Successió.

Activitat

L'activitat que es proposa és prospectar quines son les principals pàgines web que poden subministrar informació sobre la Guerra de Successió, per tal de poder utilitzar-les en els processos de recerca i documentació. Es tracta d'una activitat idònia per a l'educació secundària i també per als darrers cursos de primària. La cerca s'hauria de fer en grups d'alumnes, preferiblement de dues o tres persones, i la tasca pot ser la mateixa per a tots els equips. També podem dividir els temes a cercar i posar en comú els resultats un cop realitzada tota la recerca. D'aquesta última forma, es poden compartir els coneixements i construir-los de forma col·lectiva.

Els alumnes hauran de fer una fitxa amb la descripció de les pàgines localitzades que considerin més interessants indicant de quins aspectes donen in-

Museu Virtual de la Guerra de Successió. Guerra de Successió a la xarxa

formació. Amb la informació aplegada es pot confegir una guia d'enllaços a les pàgines més útils i amb relació a diferents temàtiques. Aquesta guia facilitarà les més diverses activitats sobre la temàtica que es plantegin posteriorment.

I a més a més...

La guia de webgrafia també pot incloure les pàgines d'altres països que recullin fets, lloc o patrimoni en relació amb la dimensió internacional del conflicte.

Recursos

Les principals pàgines web sobre la Guerra de Successió serien les següents:

- *Tricentenari. Web de la commemoració a Catalunya.*
  <http://tricentenari.cat>.
- *Viurem Lliures o Morirem. El Tricentenari a Barcelona.*
  <http://tricentenari.bcn.cat/>.
- *Commemoració del Tricentenari. Departament d'Ensenyament.*
  <www.xtec.cat/web/centres/celebracions/2013/1714>.
- *Viquiprojecte: el Tricentenari i la commemoració dels fets de 1714.*
  <http://ca.wikipedia.org/wiki/Viquiprojecte:Tricentenari>.
- *Museu Virtual de la Guerra de Successió.*
  <www.guerradesuccessio.cat>
- *11 de setembre de 1714.*
  <www.11setembre1714.org>.
- *Especial 11 de setembre. Televisió de Catalunya.*
  <www.tv3.cat/especial11setembre>.
- *Bages 2014.*
  <http://bages1714.cat>.
- *Diari de setge.*
  <www.diaridesetge.cat>.
- *1711. El setge de Cardona*
  <www.elsetge.cat>.
- *Carta arqueològica de Barcelona. Especial Guerra de Successió.*
  <http://cartaarqueologica.bcn.cat/monografics/1714>.

92. Analitzem recursos didàctics en xarxa

P S

Interès educatiu

Avui en dia, les pàgines web de plataformes educatives i d'institucions culturals són un bon mitjà per impulsar l'adquisició de coneixements i de valors en l'entorn de l'aula i de la llar.

La innovació educativa que s'impulsa des de la xarxa potencia l'aprenentatge i cooperativitat dels seus usuaris, així com l'intercanvi d'idees i experiències entre alumnes i centres educatius diferents. En aquest context, la cerca i ús de materials didàctics en xarxa poden proporcionar un aprenentatge interactiu, capaç de generar un interès clarament educatiu i pedagògic.

Activitat

La primera part de l'activitat consisteix a elaborar una introducció o una anàlisi de les idees prèvies que els i les alumnes tinguin sobre el tema,

Materials educatius d'El Born, centre cultural. Una àmplia oferta didàctica

és a dir, sobre la presència de recursos didàctics en plataformes i espais virtuals educatius. A partir d'aquesta fase exploratòria, s'organitzaran diferents grups d'alumnes per treballar i analitzar els materials didàctics presents a la plataforma educativa de l'XTEC, a la revista virtual *Sàpiens* per als joves i a l'espai de serveis educatius del Centre Cultural del Born. L'estudi d'aquests recursos es pot realitzar a partir d'una pauta d'anàlisi subministrada pel professorat en funció de l'edat de l'alumnat. Guiant-se per aquesta pauta, hauran d'intentar veure quines són les propostes d'activitats més rellevants i suggeridores. Després de la cerca dels materials, els resultats es posaran en comú i es decidirà la realització d'algunes de les propostes més ben considerades. Aquesta fase permetrà potenciar la diversitat d'opinió, així com l'esperit crític.

I a més a més...

Partint d'una pauta d'anàlisi, ja sigui més complexa o no, es pot fer un estudi analític més ampli amb altres materials i recursos didàctics sobre el Tricentenari que hagin estat plantejats per altres museus o institucions culturals de Catalunya de caràcter més local. En aquest cas, es pretén desenvolupar un treball més general i complet de l'oferta d'aquest tipus de materials a la xarxa.

Recursos

- *Commemoració del Tricentenari 1714-2014 a la plataforma educativa XTEC.* <www.xtec.cat/web/centres/celebracions/2013/1714>.
- *Servei educatiu del Centre Cultural del Born.* <http://elborncentrecultural.bcn.cat/es/node/266>.
- *Revista monogràfica virtual per a joves de* Sàpiens. <www.sapiens.cat/ca/viatge-1714.php>.
- Vegeu també la plataforma educativa del Tricentenari BCN, que requereix donar-se d'alta per accedir-hi: <http://tricentenarip.bcn.cat/>.

93. Exposicions virtuals

S

Interès educatiu

Els darrers anys i en el context del Tricentenari s'han generat diverses exposicions a iniciativa d'institucions i d'entitats. Algunes d'aquestes exposicions han tingut una vessant virtual que ha permès que part dels materials es puguin consultar en línia. Entre les exposicions virtuals més rellevants cal destacar la impulsada per la Biblioteca de Catalunya, que mostra documentació diversa en relació amb la vida quotidiana al període de 1700.

L'exposició «La vida quotidiana a Catalunya al voltant de 1714» s'organitza a partir de cinc àmbits: notícies i guerra; guanyar-se la vida; normes, misses i pronòstics; l'Hospital de la Santa Creu, i romanços, poemes i cançons.

El Museu d'Història de Catalunya mostra en línia una exposició virtual: «La guerra de Successió a Catalunya (1702-1715)», que es va fer l'any 2008 i que va aplegar una gran quantitat de peces i documents del moment històric.

En el context del Tricentenari, altres exposicions han tingut reflexos virtuals més o menys extensos.

Activitat

L'interès de les exposicions virtual rau en la possibilitat que els alumnes puguin navegar lliurement. L'exploració de les exposicions la podran fer, principalment, els alumnes de secundària. Caldrà que reconeguin quin és l'objecte

Exposicions virtuals, un recurs present a la xarxa

o la funció de l'exposició triada, que identifiquin quins són els principals apartats i que observin les diferents peces i documents. La visualització dels elements exposats a partir de la xarxa té un avantatge, que és que es poden observar amb calma i tranquil·litat. Demanarem als alumnes que seleccionin algunes de les peces o documents i que en facin una breu descripció i valoració. Una altra possibilitat és considerar els diferents elements com a fonts i establir quins aspectes de la història ens donen informació (vida quotidiana, economia, conflicte, religió, etc.); a partir d'aquesta aproximació ens podem proposar de confegir una col·lecció de documents significatius per recollir determinats aspectes de la vida quotidiana.

I a més a més...

L'aproximació a les exposicions virtuals és compatible amb activitats que, amb el mateix esperit, es plantegin de manera proactiva. Tant als alumnes de primària com als de secundària, els podem demanar que elaborin una exposició virtual per penjar al web del centre que inclogui els documents que considerin més importants per explicar un determinat moment històric o de vida quotidiana.

Recursos

- *Biblioteca de Catalunya. Exposició virtual «La vida quotidiana a Catalunya al voltant de 1714».* <www.bnc.cat/Exposicions/La-vida-quotidiana-a-Catalunya-al-voltant-de-1714>.
- *Museu d'Història de Catalunya: Catalunya i la guerra de successió (1702-1715).* <http://1714.mhcat.cat/intro.html>.
- Exposició Francesc de Castellví. *Narracions històriques de la Guerra de Successió (1705-1714).*
- <www.didpatri.cat/guerra-successio>.

94. Fonts primàries a la web

S

Interès educatiu

El coneixement de la història mitjançant l'estudi de fonts primàries ens permet acostar-nos als fets del passat des d'una perspectiva propera al mètode científic de l'historiador. Fins no fa gaire, la tasca de buscar en fonts primàries s'havia de centrar físicament en arxius, biblioteques i repositoris de documents, índexs bibliogràfics i plecs de documents. Avui dia, però, la digitalització de molts fons d'arxius i biblioteques acosten el coneixement i l'anàlisi de fonts primàries a la gent, i l'accés lliure en permet l'estudi i el contacte a través d'una pantalla.

Activitat

Per familiaritzar-se amb la cerca de fonts primàries i la comprensió dels textos, es proposen diferents tipus d'activitats possibles. La cerca de fonts primàries és més adient als alumnes de secundària, tot i que també es pot assajar amb alumnes de primària. En primer lloc, es pot proposar una cerca d'un tipus concret de font primària: per exemple, mapes o plànols d'un lloc o una ciutat concreta, en un temps concret, o bé fullets de propaganda, documents privats, cròniques de les batalles, notícies i bans de guerra, etc. Caldrà guiar parcialment la cerca per tal de proporcionar a l'alumnat les eines adequades per dur a terme cerques a la xarxa i en repositoris de documents, o fins i tot proporcionar-los una guia de cerca i comprensió dels textos, en funció de les seves capacitats i necessitats.

Carta Arqueològica de Barcelona. Un recurs important per acostar el 1714

Una altra activitat possible que es faci amb la cerca de fonts primàries pot vincular-se a la comprensió d'aquestes (buscar fonts que tractin, per exemple, de la cartografia de Barcelona, fer-ne una anàlisi i extreure'n conclusions), a la crítica comparada (buscar fonts sobre un mateix fet i comparar-ne el contingut en funció del punt de vista) o també un exercici des del punt de vista literari i lingüístic (diferències de gèneres literaris segons la intencionalitat, tipografia, recursos literaris, etc.).

I a més a més...

Es pot fer la cerca per Internet i complementar-la amb visites a arxius o exposicions que es basin en documents i fonts primàries. També es pot ampliar la cerca a notícies periodístiques de la commemoració de l'Onze de Setembre en l'actualitat, aspectes vinculats a la commemoració del Tricentenari, etc. L'anàlisi dels mitjans de comunicació i el seu discurs vinculat a la Guerra de Successió pot apropar, també, els alumnes de més edat als diferents discursos i visions de la història del segle XVIII.

Recursos

- *Institut Cartogràfic i Geològic de Catalunya.*
  <http://cartotecadigital.icc.cat/cdm/1714>.
- *Fons de la Guerra de Successió. Universitat Pompeu Fabra.*
  <http://mdc.cbuc.cat/cdm/search/collection/guerrasucce>.
  Dins del portal Memòria Digital de Catalunya (<http://mdc1.cbuc.cat>) es troba digitalitzat el fons corresponent a la reserva de la biblioteca de la Universitat Pompeu Fabra.
- *Biblioteca Nacional de España. Biblioteca Digital Hispánica*
  <www.bne.es/ca/Catalogos/BibliotecaDigitalHispanica/Inicio>.
- *Memòria Digital de Catalunya.*
  <http://mdc1.cbuc.cat>.
- *Gallica. Bibliothèque Nationale de France.*
  <http://gallica.bnf.fr>.
- *Catálogo Colectivo de Colecciones de Mapas, Planos y Dibujos de los Archivos Estatales.*
  <www.mcu.es/ccbae/es/mapas/principal.cmd>.

Bloc 12. Organització i comunicació del saber

95. Mapa conceptual del sistema polític català

S

Interès educatiu

Les Corts catalanes definien lleis o constitucions que s'anaven sumant a les ja existents. El comte de Barcelona, abans d'accedir al càrrec, havia de jurar les Constitucions, és a dir complir i fer complir les lleis. Les lleis, les Constitucions, les feien junts les Corts i el rei i en aquest sentit el sistema polític es podia qualificar de constitucional i era un dels més avançats del moment.

Per tal de vetllar perquè els acords de les Corts es complissin entre una reunió de Corts i la següent es va crear un organisme que era una representació permanent de les Corts: la Diputació del General o Generalitat. La institució es va consolidar a les Corts de Cervera de 1359. En poc temps la Generalitat es va convertir en l'òrgan representatiu del Principat. La Gene-

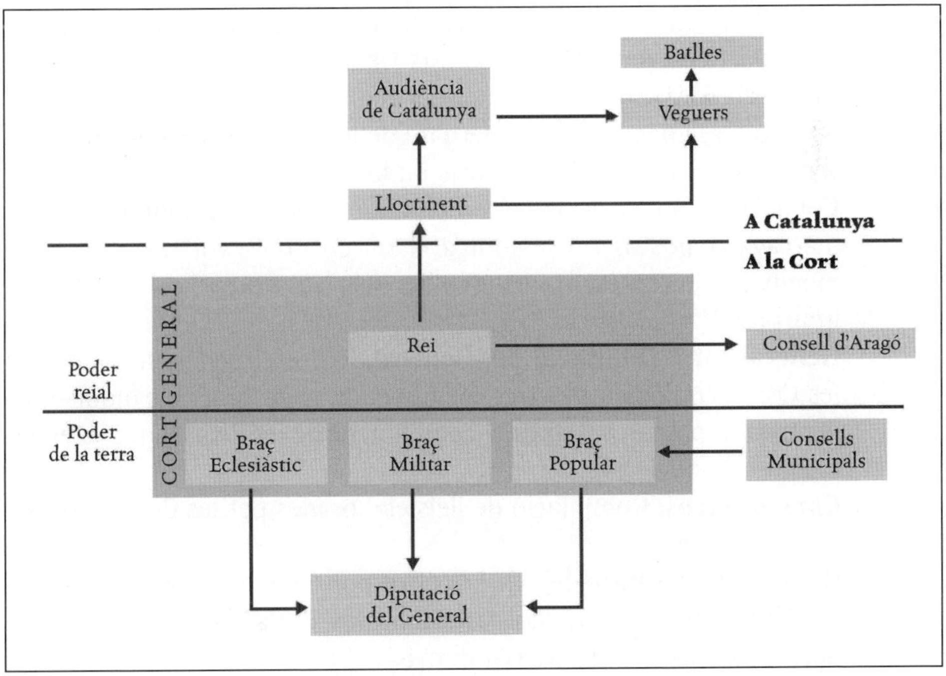

ralitat presentava una administració pròpia i tenia atribucions per executar les decisions acordades a les Corts: recaptar impostos i subsidis i defensar les Constitucions o lleis del Principat. Al príncep li corresponia organitzar el poder executiu i el judicial.

A principi del segle XVI la llarga tasca efectuada per les Corts es traduïa en unes Constitucions poderoses que atorgaven als catalans moltes llibertats. Les Constitucions, aconseguides treballosament al llarg de decennis de pugna política, eren considerades pels catalans una herència de llibertats que calia defensar per tots els mitjans.

Activitat

Proposem confegir, o analitzar, un mapa conceptual que expliqui el sistema de govern a Catalunya. A partir de les descripcions que explicitem completarem l'esquema del model polític català. Per tant podem elaborar directament un mapa conceptual, analitzar-ne un d'existent o completar-ne un en què faltin les llegendes.

- **Braç popular reial.** Estava compost per representants de la gent de les ciutats, de diverses ciutats i de nivell social divers. Els representants participaven a les Corts i a la Generalitat.
- **Braç militar.** Estava format pels representants dels nobles, de la petita i de l'alta noblesa i de diferents indrets del país. Els representants participaven a les Corts i a la Generalitat.
- **Braç eclesiàstic.** Estava format per representants de l'església, de la jerarquia religiosa, del baix clergat i de les ordes religioses. Els representants participaven a les Corts i a la Generalitat.
- **Corts.** Assemblea de caràcter parlamentari que promulgava lleis, marcava impostos i assessorava el rei en qualsevol tema. Els seus membres són representants escollits dels tres braços: eclesiàstic, militar i reial.
- **Generalitat o Diputació del General.** Representació permanent de les Corts, composta per tres membres de cada braç: els oïdors. Recaptava impostos, tutelava el compliment de les lleis i ajudava en les tasques de govern.
- **Constitucions.** Compilació de lleis elaborades per les Corts i confirmades pel rei.
- **Rei (comte de Barcelona).** Era el responsable del poder executiu i judicial i compartia el legislatiu amb les Corts. Governava d'acord amb les Constitucions de Catalunya.

- **Virrei.** Representava el rei en la seva absència, i dirigia els oficials reials que tenien el poder executiu a escala local: els veguers i els batlles.
- **Audiència.** S'encarregava d'impartir la justícia en nom del rei i d'acord amb les constitucions.

I a més a més...

Per familiaritzar els alumnes amb el model de govern de Catalunya podem mostrar imatges del Palau de la Generalitat i el Saló de Cent.

Paga la pena aprofundir en el concepte de democràcia i reflexionar per què no podem denominar democràtic el sistema polític català d'abans de 1714 atès que havia amplis sectors de la població que no estaven representats de manera directa al parlament: els pagesos, els esclaus, etc.

Recursos

- *Govern de Catalunya.*
  <www.govern.cat/pres_gov/govern/ca/index.html>.
- *Corts de Catalunya.*
  <www.parlament.cat/web/parlament/historia/corts-generals>.
- *Corts a la Catalunya medieval:*
  <http://blogs.sapiens.cat/socialsenxarxa/2010/07/29/les-institucions-politiques-de-la-catalunya-medieval>.
- *Per a la consulta d'algunes constitucions i textos normatius del dret català:*
  <http://guiesbibtic.upf.edu/content.php?pid=130023&sId=1762541>.

96. Mapa conceptual del sistema de govern de la Nova Planta

S

Interès educatiu

La derrota de l'11 de setembre va implicar la destrucció de les institucions de l'Estat català. Totes les institucions catalanes locals i nacionals que garantien canals de participació política van quedar derogades, i tots els càrrecs van ser nomenats a dit seguint els interessos del rei. A dalt de la piràmide de poder civil i militar es va situar el capità general. Catalunya va passar a ser directament governada per l'exèrcit d'ocupació.

La comparació entre un sistema constitucional, com era el català, que permetia una certa participació política, i el règim absolutista que va imposar Felip V esdevé força interessant. És important que els alumnes sàpiguen distingir entre les formes d'organització política que han permès el desenvolupament i progrés i les que contràriament han estat una via morta quant a evolució de la humanitat. El mapa conceptual del sistema polític de Felip V, en comparació al que s'havia desenvolupat durant segles a Catalunya, evidencia el simplisme autocràtic davant del ric sistema d'equilibris i de regulació entre forces que s'havia aconseguit a Catalunya.

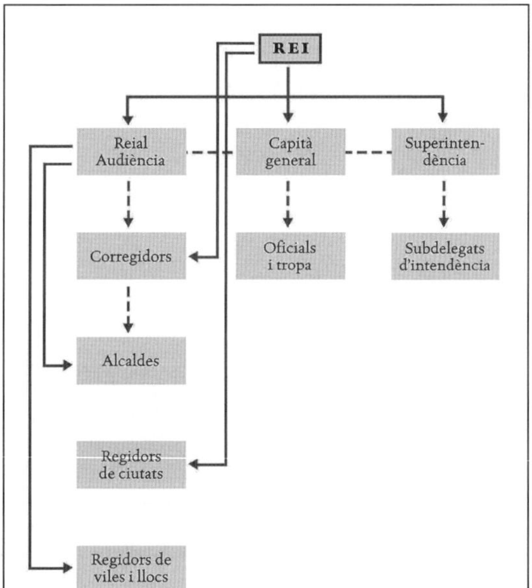

Activitat

A partir de l'explicació del sistema polític imposat per Felip V els alumnes hauran de dibuixar un mapa conceptual, o bé emplenar les caselles del mapa polític amb les denominacions que pertoqui. Es tracta d'un sistema del tot piramidal, a dalt del qual hi havia el rei. El rei nomenava el capità general, que controlava l'exèrcit i era la màxima autoritat. Igualment, el rei també nomenava la reial audiència, que controlava la justícia, així com també feina el nomenament, no pactat, de corregidors (els corregiments havien substituït les vegueries) i alcaldes . El rei també nomenava directament els regidors de les ciutats, mentre que la reial audiència nomenava els regidors de viles i llocs. Finalment, el rei també designava els responsables de la superintendència, de la qual depenien els subdelegats d'intendència.

I a més a més...

Per contextualitzar el sistema autoritari i absolutista borbònic podem utilitzar també esquemes que mostrin el sistema piramidal absolutista amb el sistema constitucional en què els parlaments tenien el poder legislatiu o una part d'ell.

Recursos

- «Decrets de Nova Planta». *Viquipèdia.*
  <http://ca.wikipedia.org/wiki/Decrets_de_Nova_Planta>.

97. Monarques a Catalunya fins a Carles III

S

Interès educatiu

L'origen de les Corts a Catalunya van ser les Assemblees de Pau i Treva, que es van celebrar per primer cop l'any 1027 i en les quales es tractava d'establir terminis per a la interrupció de la guerra a fi i efecte de facilitar l'activitat econòmica i social. El rei Jaume I va ser el primer a celebrar reunions amb assistència de nobles, però el monarca que va institucionalitzar les Corts va ser Pere II al 1283. Des d'aleshores i fins el decret de Nova Planta es van celebrar Corts en 73 ocasions.

Carles II, monarca Habsburg

Per entendre el valor i la importància del sistema de govern català des de l'edat mitjana fins al decret de Nova Planta, cal entendre l'esforç que feien els braços per arribar a acords i especialment el rei, amb qui, lluny de tenir el poder absolut, calia pactar lleis, impostos i finançament. En aquest sentit, apropar-se a la personalitat reial ens ajudarà a entendre fins a quin punt hi va haver reis que no només practicaven el sistema constitucional, sinó que hi creien fermament, mentre que a d'altres, el pactisme i el diàleg els costava ja que tendien a emmirallar-se en els monarques absoluts d'altres reialmes europeus.

Activitat

Situarem els reis en una línia del temps i els col·locarem segons siguin de l'edat medieval o moderna. A continuació farem un arbre genealògic tenint com a criteri «comtes de Barcelona» i afegirem altres títols importants que tingueren. Afegirem l'escut d'armes dinàstic i l'escut personal.

Farem l'apropament als reis i començarem per Jaume I; esbrinarem quantes Corts va celebrar i a on. A partir d'aquest rei farem el mateix exercici amb la resta de reis fins a Carles III. De tots ells, ens fixarem especialment en Pere el Cerimoniós, comptarem quantes Corts va convocar i quina relació va tenir en la creació de la Generalitat. També esbrinarem per què les Corts se celebraven en determinades ciutats i la significació que tenien aquestes ciutats per als reis.

Finalment, investigarem quins van ser els reis que no va convocar mai Corts a Catalunya i establirem per què no ho va fer.

I a més a més...

Per tenir una idea de com s'origina el sistema parlamentari català investigarem què foren les Assemblees de Pau i Treva, qui les va convocar i quin era el seu objectiu. Podem buscar on estan enterrats els comtes-reis catalans i associar els diferents noms a les esglésies on descansen les seves despulles. En aquest sentit, podem fer especial atenció a les despulles de Pere el Gran, que van ser analitzades i estudiades fa pocs anys i descobrirem com a través de les seves despulles es pot saber quina mena de vida va portar i de què va morir.

Recursos

- *Llista dels comtes de Barcelona. Viquipèdia.* <http://ca.wikipedia.org/wiki/Llista_de_comtes_de_Barcelona>.
- *Llista de comtes que van celebrar Corts. Viquipèdia.* <http://ca.wikipedia.org/wiki/Llista_de_Corts_Generals_Catalanes>.

Bloc 13.
Treball científic

98. El misteri de les banderes

S

Interès educatiu

La temàtica de les banderes utilitzades pels catalans durant el setge de Barcelona de 1713 a 1714 resulta interessant. A banda de la bandera de Santa Eulàlia, les fonts parlen de manera dispersa de les banderes de les unitats militars i milicianes catalanes que van ser capturades i destruïdes després de la batalla, però també de l'ús específic de banderes singulars com ara banderes negres amb la llegenda «Viurem lliures o morirem» i lemes similars. També es parla de banderes negres amb calaveres, banderes vermelles i banderes de l'emperador.

Les banderes són elements simbòlics i l'ús que se'n feia és interessant per aproximar-nos a l'imaginari de la societat de l'època.

Activitat

Subministrem als alumnes fonts primàries que informin sobre les banderes utilitzades durant el setge de Barcelona. A partir de les lectures, els

«Viurem lliures o morirem» lema dels constitucionalistes catalans

alumnes hauran d'identificar les diferents banderes que s'utilitzen: la bandera negra amb la calavera, la bandera negra amb inscripcions constitucionals, la bandera vermella i la bandera imperial. De cadascuna d'elles, hauran de descobrir el significat i el context d'utilització. Les fonts més importants són la descripció que fa Baker a *The Deplorable History of the Catalans* (1714), p. 73, i les descripcions dels militars francesos a l'*Histoire de la dernière revolte des catalans et du siège de Barcelone* (1714), p. 181. També resulta interessant la descripció que en va fer un capità de marina provençal: *Lettre IV. A bord de «Furieux» à la rade de Barcelonne le 2 août 1714. Le Siège de Barcelone en 1714, raconté par un arlésien a un arlésien*, p. 94. I és igualment interessant la correspondència de la duquessa d'Orleans Marly, el 9 d'agost de 1714: *Correspondance complète de Madame duchesse d'Orleans*, p. 143

A partir de l'anàlisi de les fonts els alumnes hauran de fixar quines eren les banderes que es van fer servir i quin n'era el simbolisme. Tot plegat la bandera negra amb llegendes constitucionals assenyalava un component identitari fonamentada en el dret; la bandera vermella indicava que no es donaria quarter a l'enemic; la bandera negra amb la calavera explicava que no es demanaria quarter i que la resistència seria a mort, i la bandera amb l'àliga bicèfala mostrava l'obediència a l'emperador.

I a més a més...

La recerca es pot estendre sobre quin va ser el destí de les banderes catalanes. En aquest sentit, Castellví explica que van ser capturades i enviades a Madrid per ser exposades a l'església d'Atocha (F. CASTELLVÍ I OBANDO, [1682-1757], *Narraciones Históricas desde el año 1700 al 1725*, vol. IV, p. 312). També hi ha fonts que indiquen que les banderes van ser retornades a Barcelona perquè les cremés el botxí (F. GIRARD [1737], *Memoires du Marechal de Berwik, duc et pair de France et generalissime des armées de sa majesté*, tom II, p. 280; G. PLANTAVIT DE LA PAUSE DE MARGON, [1738], *The life of James Fitz-James, duke of Berwick* [tr. de *Mémoires du maréchal de Berwik of G. Plantavit de la Pause*], tom II, p. 462-463).

Recursos

- *Informació de síntesi. Banderes. 11 setembre 1714.* <www.11setembre1714.org/banderes.html>.
- BAKER, J. (1714): *The Deplorable history of the catalans.* London. J. Baker. <https://archive.org/details/deplorablehistor00londuoft>.

99. La batalla de Santa Clara

S

Interès educatiu

A mitjan del mes d'agost de 1714, el duc de Berwick va considerar que les defenses de Barcelona estaven prou destruïdes i que podia assajar un assalt general a la ciutat. La zona d'atac havia de ser la bretxa reial que s'estenia al sector de la muralla comprès entre els baluards de Santa Clara i Portal Nou. Tanmateix va decidir que abans de fer enfilar les tropes per aquesta zona havia d'ocupar els baluards de Santa Clara i Portal Nou per tal que les seves tropes no rebessin foc creuat des d'aquests punts en el moment de l'assalt.

El 12 d'agost les forces borbòniques van intentar ocupar els baluards però van ser rebutjades, i ho van tornar a intentar el dia 13; després d'un llarg combat també van ser rebutjades. Aquestes batalles van ser les més cruentes de tota la campanya. Els catalans i els borbònics van patir centenars de morts. El context del combat el coneixem gràcies a les descripcions que en van fer l'historiador Francesc de Castellví, d'una banda, i el duc de Berwick al seu dietari, de l'altra, i també disposem d'uns documents extraordinaris: dos mapes francesos que ens indiquen amb absoluta precisió l'estat de les defenses en aquell moment.

Les fonts històriques a l'entorn d'un mateix fet poden ser diverses i fins i tot contradictòries. La batalla de Santa Clara es pot aproximar a partir de fonts primàries de caràcter textual, però també de fonts cartogràfiques que

Assalt al baluard de Santa Clara, segons el gravat de Jacques Rigaud

ens assenyalen amb molt detall les obres d'expugnació i les zones de bombardeig. Estudiar un determinat fet històric creuant les informacions que ens donen diferents tipus de font esdevé una possibilitat didàctica interessant.

Activitat

L'activitat pretén contrastar fonts textuals i complementar-les amb les informacions que ens pot donar una font cartogràfica a l'entorn d'un dels fets històrics més significatius del setge de Barcelona: la batalla del baluard de Santa Clara. En primer lloc subministrarem als alumnes els fragments dels textos del dietari de Berwick i de les *Narraciones históricas*, de Castellví, que expliquen els fets relacionats amb la batalla. Els alumnes hauran de valorar si hi ha discrepàncies entre ambdues explicacions i establir quina és la més versemblant. En segon lloc, proporcionarem als alumnes dos plànols molt similars, executats per enginyers francesos a mitjan d'agost de 1714, que mostren amb absolut detall l'estat de destrucció de la muralla a la zona compresa entre els baluards de Santa Clara i Portal Nou, les obres d'expugnació dels atacants, la situació de les mines, la ubicació de les trinxeres en el camí cobert, així com les principals línies de foc de les bateries d'artilleria. Demanarem als alumnes que identifiquin oportunament aquests elements estructurals i finalment els demanarem que correlacionin les explicacions textuals amb l'escenari geogràfic que ens mostren les fonts cartogràfiques.

I a més a més...

Les fonts esmentades les podem comparar també amb una font secundària però relativament propera als fets, el gravat núm. 4 de Jacques Rigaud sobre expugnació de les ciutats: *Attaque de deux bations les breches faites par le mineur.* Aquest gravat correspon als fets esmentats de la batalla de Santa Clara i, en una perspectiva obliqua, ens dóna també molta informació respecte de com s'executaven aquestes operacions d'assalt que tenien com objectiu assegurar els flancs abans de procedir a un assalt directe.

Recursos

- *Dietari de Berwick* (a partir de la p. 37, 12 d'agost de 1714).
  <www.guerradesuccessio.cat/images/documents/journal_siege_barcelonne.pdf>.
- *Narraciones históricas*, de Francesc de Castellví, vol. 4, a partir de l'apartat 70 (p. 161)
- *Plànols de la Biblioteca Nacional de França. Gravats de Jacques Rigaud.*
  <http://guerradesuccessio.cat/cartografia/bcn1714/attaques_barcelone_1714_2.jpg>.
  <http://guerradesuccessio.cat/cartografia/bcn1714/attaques_barcelone_1714.jpg>.

100. Fonts contradictòries? El contraatac de Casanova

S

Interès educatiu

Passades les primeres hores de l'assalt de l'11 de setembre, les forces catalanes van desenvolupar dos contraatacs, l'un dirigit per Antoni de Villaroel amb la cavalleria i l'altre per Rafael Casanova amb la bandera de Santa Eulàlia i el sisè batalló de la Coronela. Aquest darrer contraatac va fer retrocedir els regiments de Guàrdies Espanyoles i Guàrdies Valones i va fer que els catalans recuperessin momentàniament un sector de les muralles. Atès que va ser el moment culminant de la batalla, i que va ser un moment molt dur, la memòria d'aquests fets ha quedat profundament inserida en l'imaginari dels catalans i en aquest sentit ha estat un fet històric mitificat. La imatge del conseller en cap mantenint la bandera i resultant ferit ha estat replicada en textos i iconografia. Tanmateix, les fonts que descriuen aquest fet «èpic» són dispars.

El contraatac de Casanova de Guillem H. Pongiluppi

Els fets històrics importants són percebuts de diferent manera pels agents implicats, i del contraatac amb la bandera de Santa Eulàlia se'n van fer diverses lectures, fins i tot per part de personatges coetanis. Una anàlisi comparada de diferents textos que expliquin, en aquest cas, el contraatac de Casanova, ens permetrà veure els punts clars i foscos respecte d'aquest fet.

Activitat

Aquesta activitat es planteja per a alumnes de secundària. Subministrem als alumnes diferents textos coetanis i de gent implicada en la batalla que parlin del contraatac de Casanova amb la bandera de Santa Eulàlia. Entre els més rellevants, suggerim la descripció que en fa Mas i Soldevila, conseller de Barcelona; la que fa Francesc de Castellví, i la que és fa en el mateix dietari del duc de Berwick. Analitzarem i compararem els tres textos i mirarem de detectar en què estan d'acord i en què difereixen els documents: Qui van ser els protagonistes del contraatac? Com es va portar la bandera? Quin nivell d'intensitat van tenir els combats?

I a més a més...

Hi ha fonts secundàries interessants que també descriuen el combat amb la bandera de Santa Eulàlia. Entre les més rellevants, les que van fer Mateu Bruguera i Salvador Sanpere i Miquel. El treball sobre la batalla es pot vincular a les representacions iconogràfiques que se'n van fer al llarg del temps. En aquest sentit, es pot plantejar un treball integrat en allò que es proposa a les fitxes del quadre d'Estruch i de l'escultura de Rafael Casanova.

Recursos

- *Dietari de Berwick.* Biblioteca Nacional. <www.guerradesuccessio.cat/images/documents/journal_siege_barcelonne.pdf>.
- La descripció de Mas i Soldevila és a: <http://guerradesuccessio.cat/images/documents/MasiSoldevila1714.pdf>.

CASTELLVÍ, F. DE (1997-2002): *Narraciones Históricas.* Madrid. Fundación Elías de Tejada y Erasmo Pércopo, vol IV, p. 249 i 350.

MAS I SOLDEVILA, E. (1714): *Relació del siti de Barcelona de l'any 1713 i 1714* (f. 101v-140), a *Sèrie y nota de tots los consellers de la ciutat de Barcelona*, transcrita y copiada y amb algunas notas aumentada per lo doctor en drets Enmanuel Mas i Soldevila en lo any 1736 (f. 1-59v i 92-140). Barcelona. Biblioteca Pública Episcopal de Barcelona.

MOLAS RIBALTA, P. (ed.) (2007): *Memorias del duque de Berwick.* Alacant. Universitat d'Alacant.

Bibliografia

ALBAREDA, J. (2001): *Catalunya en un conflicte europeu. Felip V i la pèrdua de les llibertats catalanes.* Barcelona. Generalitat de Catalunya. Edicions 62.

ALBAREDA, J.; GARCÍA ESPUCHE, A. (2005): *11 de setembre de 1714.* Barcelona. Generalitat de Catalunya.

ALBERTÍ, S. (2006): *L'onze de Setembre.* Barcelona. Albertí Editor.

ALCANTARILLA, M. DE (1709): *Rudimentos militares, voces, formaciones marchas y operaciones dadas por el Marqués de Alcantarilla a su Regimiento.* Ciutat de Mallorca. Real Convento de S. Domingo.

ALCOBERRO I PERICAY, A. (2002): *L'exili austriacista (1713 -1747).* Barcelona. Fundació Noguera (2 volums).

ANDÚJAR, F. (2004): *El sonido del dinero. Monarquía, ejército y venalidad en la España del siglo XVIII.* Madrid. Marcial Pons.

AUDOUARD, J. (1910): *Le siège de Barcelone en 1714.* París. Picard.

AYATS, A. (2003): «Louis XIV et les Pyrenees catalanes de 1659 a 1681. Frontière politique et frontières militaires». *Revue d'histoire moderne et contemporaine,* vol. 50 (4), p. 175-176.

BACALLAR Y SANNA, V. (marquès de San Felipe) (1957): *Comentarios de la Guerra de España, e historia de su Rey Felipe V, el Animoso.* Madrid. Biblioteca de Autores Españoles XCIX.

BAKER, J. (1714): *The Deplorable history of the catalans.* Londres. J. Baker.

BALAGUER, V. (1863): *Historia de Cataluña y de la Corona de Aragon.* Barcelona. Libreria de Salvador Manero, llibre 11, tom V.

BRUGUERA, M. (1871): *Historia del memorable sitio y bloqueo de Barcelona y heroica defensa de los fueros y privilegios de Cataluña en 1713 y 1714.* Barcelona. Establ. Tip. Ed. de Luis Fiol y Gros (2 volums).

— (1861): *Cronicón de Barcelona: Historia de la invicta y memorable bandera de Santa Eulàlia.* Barcelona. Impr. José Gorgas.

CALVÓ, J.L. (2004): *Armamentos de munición en las fuerzas armadas españolas. Producción de antecarga, 1700-1873.* Barcelona. Juan Luis Calvó Editor.

CÁMARA, A. (coord.) (2005): *Los ingenieros militares de la monarquía hispánica en los siglos XVII y XVIII.* Madrid. AEAC, el Ministerio de Defensa y el Centro de Estudios Europa Hispánica.

CAPEL, H., SANCHEZ, J.E. Y MONCADA, O. (1988): *De Palas a Minerva. La formación científica y la estructura institucional de los ingenieros militares en el siglo XVIII.* Barcelona. CSIC y Ediciones del Serbal.

CASTELLVÍ, F. DE (1997-2002): *Narraciones Históricas.* Madrid. Fundación Elías de Tejada y Erasmo Pércopo (4 volums).

CENTRE D'ESTUDIS COMARCALS DEL BAIX LLOBREGAT (1986): *Guerrilles al Baix Llobregat: Els «carrasquets» del segle XVIII, i els carlins i els republicans del segle XIX.* Barcelona. Publicacions de l'Abadia de Montserrat.

DANTÍ, J.(1979): *La Revolta dels Gorretes a Catalunya: 1687-1689.* Barcelona. Curial.

ESPINO, A. (2006): «La mobilització militar catalana durant la Guerra de Successió». *Manuscrits. Revista d'Història Moderna,* núm. 11, p. 215-242

— (2009): *Miquelets i sometents al Front de l'Ebre durant la Guerra de Successió (1705-1714).* Barcelona. Rafael Dalmau, Editor.

FERRER, F. (1714): *Exercicio practico y especulativo de el fusilero, y granadero.* Ciutat de Mallorca. Imprenta del Convento de Santo Domingo.

GARCÍA ESPUCHE, A. (2010): *La ciutat del Born.* Barcelona. Ajuntament de Barcelona. Museu d'Història de la Ciutat.

GIL OSORIO, F. (1981): *Organización de la artillería española en el siglo XVIII.* Madrid. Servicio Histórico Militar.

HERNÀNDEZ, F.X. (2003): *Història Militar de Catalunya. La defensa de la terra.* Barcelona. Rafael Dalmau, Editor, vol. 3.

HERNÀNDEZ, F.X.; RIART, F. (2006): *Els exèrcits de Catalunya.* Barcelona. Rafael Dalmau, Editor.

HERNÀNDEZ, F.X.; RUBIO, X. (coord.) (2009): *Talamanca 1714. Arqueologia d'una batalla.* Calafell. Llibres de Matrícula.

KAMEN, H. (1974): *La Guerra de Sucesión en España.* Madrid. Grijalbo.

LLAVE Y GARCIA, J. DE LA (1903): *El Sitio de Barcelona: 1713-1714.* Madrid. Imprenta del Memorial de Ingenieros del Ejército.

LEÓN SANZ, V.(1991): «Los españoles austracistas exiliados y las medidas de Carlos VI (1713-1725)». *Revista de historia moderna,* núm. 10, p. 165-176.

MOLAS, P. (1996): *Catalunya i la Casa d'Àustria.* Barcelona. Curial.

— (ed.) (2007): *Memorias del duque de Berwick.* Alacant. Universitat d'Alacant.

PERÉZ APARICIO, C. (1981): *De l'alçament maulet al triomf botifler.* València. Eliseu Climent.

— (2008): *Canvi dinàstic i Guerra de Successió, la fi del Regne de València.* València. Tres i Quatre.

PONGILUPPI, G. H.; HERNÁNDEZ, F.X. (2012): *Barcelona 1714. El setge*. Barcelona. Editorial Angle.

RUBIO, X. (2008): *Almenar 1710. Victòria anglesa a Catalunya*. Calafell. Llibres de Matrícula.

— (coord.) (2010): *God Save Catalonia. La intervenció anglesa a Catalunya durant la Guerra de Successió (1705-1711)*. Calafell. Llibres de Matrícula.

SANPERE I MIQUEL, S. (1905): *Fin de la nación catalana*. Barcelona. Tipografia L'Avenç.

SERRA I SELLARÈS, F. (2010): *Catalunya 1714. Viatge als escenaris de la Guerra de Successió*. Barcelona. Agència Catalana de Turisme.

THOMPSON, I.A.A. (2009): «Almansa y la guerra en Europa en torno a 1700: cambios y permanencias», a GARCÍA GONZÁLEZ, F. *La guerra de sucesión en España y la batalla de Almansa: Europa en la encrucijada*. Madrid. Sílex, p. 31-50

TORRAS I RIBÉ, J.M. (2001): *La Guerra de Successió i els setges de Barcelona, 1697-1714*. Barcelona. Rafael Dalmau, Editor.

— (2005): *Felip V contra Catalunya*. Barcelona. Rafael Dalmau, Editor.

TRICAUD, A. (1715): *Histoire de la dernière révolte des Catalans et du siège de Barcelone*. Lió. Thomas Amaulry.

Quadre resum

ACTIVITATS	ETAPES	
Bloc 1. Temps històric, fets i persones	**Primària**	**Secundària**
1. Un mural del segle XVIII	X	
2. Cronologies simultànies	X	X
3. Frisos cronològics	X	X
4. D'una gent, d'un país	X	X
5. Villarroel i Casanova	X	X
Bloc 2. Fonts primàries: iconografia		
6. La xocolatada. Un plafó ceràmic	X	X
7. Rajoles i vestits	X	X
8. Oficis i auques	X	X
9. Auques de jocs	X	X
10. L'arribada d'una reina		X
11. Símbols de Catalunya	X	X
12. Gravats de Rigaud		X
13. Un quadre del Born de Barcelona	X	X
14. La bandera de Santa Eulàlia		X
15. Imatges d'una guerra mundial		X
16. Caps polítics en conflicte		X
17. L'11 de setembre de 1938		X
18. Audiovisuals-fotografia	X	X
19. La Gigafoto	X	X
Bloc 3. Fonts primàries: cartografia		
20. Ciutats de la Catalunya moderna	X	X
21. Ports de la Catalunya moderna	X	X
22. Un cordó de setge		X
23. Plànol de Barcelona		X
24. Barcelona. Cartografia d'un setge	X	X
25. La planificació d'una ciutadella	X	X

Bloc 4. Fonts primàries: documents escrits i memòries	Primària	Secundària
26. Un text manuscrit i un enterrament		X
27. Codis secrets		X
28. Els notaris i els inventaris *post mortem*	X	X
29. Els adroguers i les rutes comercials	X	X
30. Llibres de medicina i cirurgia		X
31. Un país constitucional		X
32. Unes lleis avançades?		X
33. Els soldats del coronel Ferrer		X
34. Vestir els miquelets!		X
35. Discurs de Ferrer i Sitges		X
36. El Ban de Guerra de 1713	X	X
37. Desxifrem el poema de Santa Eulàlia!		X
38. La Coronela, versos i pintures		X
39. *La Gazeta*, un diari a la Barcelona assetjada		X
40. Rafael Casanova, en combat	X	X
41. Villarroel i el contraatac a Barcelona	X	X
42. El setge segons el duc de Berwick		X
43. Els itineraris d'un ambaixador		X
44. Les capitulacions de Barcelona de 1714		X
45. La repressió vista per un pagès		X
46. Memòria de l'11 de setembre de 1971	X	X
47. La premsa en va parlar: 1977		X
48. Onze de Setembre, Diada Nacional	X	X
Bloc 5. Fonts primàries: músiques i cançons		
49. *El cant dels ocells*, una cançó austriacista	X	X
50. *Il più bel nome*. Òpera a Barcelona		X
51. Goigs i lletres de cançons de la Guerra de Successió	X	X
52. Música de ministrers i marxes militars	X	X
53. La cançó de Bac de Roda	X	X

Bloc 6. Fonts primàries: fonts materials i patrimonials	Primària	Secundària
54. Ceràmiques al Born	X	X
55. Una moneda de Carles III	X	X
56. Les armes. El pany miquelet		X
57. Un baluard amb canons		X
58. Un palau a Barcelona	X	X
59. La Barcelona de 1714	X	X
60. Camps de batalla: Talamanca		X
61. Museus i monuments de la Catalunya de 1714	X	X
62. Ruta Catalunya 1714	X	X
63. El jaciment del Born	X	X
64. L'exposició «Donec Perficiam»	X	X
Bloc 7. Fonts secundàries: els mapes		
65. Una guerra d'Europa i del món	X	X
66. L'Europa d'Utrecht		X
67. Població de la Catalunya de 1700	X	X
68. Les batalles a la península Ibèrica		X
69. Les batalles a les campanyes de Catalunya		X
70. L'assalt a Barcelona de l'11 de setembre		X
Bloc 8. Fonts secundàries: fonts audiovisuals i literatura		
71. Materials audiovisuals		X
72. Vídeos educatius	X	X
73. Propostes 3D	X	X
74. Un paisatge sonor	X	X
75. Literatura infantil sobre el 1700	X	
76. Les novel·les d'una guerra		X
77. Llibres de divulgació i didàctica	X	X
78. Literatura científica		X

Bloc 9. Simulació, empatia i recreació	Primària	Secundària
79. Juguem al joc de l'auca	X	X
80. Juguem amb jocs de carrer del XVIII	X	X
81. Jocs d'estratègia i simulació		X
82. Recrear la història	X	X
83. Personatges que opinen		X
84. La xocolata desfeta de 1700	X	
85. Gastronomia de guerra	X	X
Bloc 10. Fonts secundàries: iconografia		
86. El monument a Rafael Casanova		X
87. La iconografia de l'Onze de Setembre al segle XIX		X
88. Interpretem el quadre d'Antoni Estruch		X
89. Nova iconografia de l'Onze de Setembre	X	X
90. Uniformes dels soldats de Catalunya	X	X
Bloc 11. Entorns web		
91. La Guerra de Successió a la xarxa	X	X
92. Analitzem recursos didàctics en xarxa	X	X
93. Exposicions virtuals		X
94. Fonts primàries a la web		X
Bloc 12. Organització i comunicació del saber		
95. Mapa conceptual del sistema polític català		X
96. Mapa conceptual del sistema de govern de la Nova Planta		X
97. Monarques a Catalunya fins a Carles III		X
Bloc 13. Treball científic		
98. El misteri de les banderes		X
99. La batalla de Santa Clara		X
100. Fonts contradictòries? El contraatac de Casanova		X